DEBATTE 18

Gisèle Freund: François Mitterand

JEAN BAUDRILLARD

Die göttliche Linke

Chronik der Jahre
1977–1984

Aus dem Französischen von Ronald Voullié
Mit einem Anhang für unsere Republik
der Gleichen

MATTHES & SEITZ

 – Günter Maschkes Beitrag ist entnommen aus: Hans-Joachim Arndt et al., Inferiorität als Staatsräson. Krefeld 1985. Mit freundlicher Genehmigung des Sinus Verlags. Herstellung und Umschlaggestaltung: Bettina Best, München, der abgebildete Gegenstand ist ein Porzellan-Nachttopf aus Limoges, im Gebrauch von Paul Léautaud. Satz: Mühlberger, Augsburg. Druck und Bindung: Auer GmbH, Donauwörth. ISBN 3-88221-362-0

Inhalt

I

Der Kalvarienberg der Vereinigten Linken[1]

[1] Die »Vereinigte Linke« *(l'Union de la Gauche)* setzt sich im wesentlichen aus drei Parteien zusammen: die Sozialistische Partei (P. S. = *Parti socialiste*) unter der Führung von François Mitterand, die Kommunistische Partei (P. C. = *Parti communiste*) unter Georges Marchais und die Radikalsozialisten (M. R. G. = *Mouvement des radicaux de gauche*) unter der Leitung von Robert Fabre. (A. d. Ü.)

März 1977[2]
Der Zauberkampf oder die letzte Flöte

Ein Gespenst geht um im Bereich der Macht: das Gespenst des Kommunismus. Aber die Kommunisten selber werden von einem Gespenst bedroht: vom Gespenst der Macht.

Das gegenwärtige politische Szenarium beruht auf einer Täuschung; es wird vom Trugbild einer revolutionären Situation und der kommunistischen (und ganz allgemein linken) Machtergreifung bestimmt. Und in der Tat, hinter jeder Inszenierung, in der die Kommunisten sich wieder mal opfern, um der Rechten die Stirn zu bieten und somit das ganze gesellschaftliche Gebäude zu schützen, steht eine negative Fixierung auf die Macht, die auf ihnen lastet und sie zu immer neuer Trägheit verurteilt; die Furcht vor einer Schmach der Revolution ist einer ihrer Beweggründe. Damit stehen sie allerdings nicht allein, denn die Politik entgleitet allen – auch die Rechte selber ist machtlos. Aber aus leninistischer Sicht, an der alle Welt festhält (und der sie selber treu zu sein glauben), sind die Kommunisten historisch immer als *Politiker* aufgetreten, das heißt als Profis der Machtergreifung. Deshalb ist ihr Versagen und ihr politisches Scheitern am deutlichsten sichtbar. Diese Furcht vor der Macht macht sogar die Perspektive zunichte, die Sanguinetti in seinem »Bericht über die letzten Chancen zur Rettung des Kapitalismus in Italien« eröffnet und die darin besteht, daß die Kommunisten die herrschende Klasse in der Machtausübung ablösen und die *politische* Verwaltung des Kapitals übernehmen (die letzten Wahlen in Italien

[2] Im März 1977 finden in ganz Frankreich Stadt- und Gemeindewahlen statt, die mit einem großen Erfolg der Vereinigten Linken enden. Diese Schlappe für die konservative Regierung von Staatspräsident Giscard d'Estaing und Ministerpräsident Raymond Barre (vier Regierungsmitglieder haben ihre Wahlkreise verloren) führt zu einer Regierungsumbildung. (A. d. Ü.)

haben gezeigt, daß diese *Utopie* noch von dem alten zynischen Klassenkampf-Idealismus genährt wurde).

Woher kommt diese ihre Ohnmacht, diese Kastration? Wer hat ihnen diese Fessel auferlegt? Und warum scheitern sie immer wieder kurz vor dem Ziel – und zwar nicht wie ein Langstreckenläufer, der sich angesichts der Herausforderung in seiner Einsamkeit entscheidet, aufzugeben und somit gegen die Spielregel zu verstoßen, nein, warum scheitern sie unausweichlich gerade dann, wenn die Macht in Reichweite ist? Warum bremsen sie am Abgrund der Macht so verzweifelt ab wie Comic-Figuren?

*

Berlinguer erklärt: »Man braucht sich vor der kommunistischen Machtergreifung in Italien nicht zu fürchten.« Diese Aussage ist ein Beispiel für eine ideale Vieldeutigkeit, denn sie kann bedeuten:

– daß man sich nicht zu fürchten braucht, weil die Kommunisten, wenn sie an die Macht kommen, an deren grundlegenden kapitalistischen Mechanismen nichts ändern werden;

– daß nicht die Gefahr besteht, daß sie *jemals* an die Macht kommen, aus dem einfachen Grunde, weil sie es nicht wollen;

– aber auch: daß die Macht, eine wirkliche Macht, nicht mehr existiert – es gibt keine Macht mehr – und daß es völlig gleich ist, ob jemand die Macht ergreift oder zurückgewinnt;

– und auch: ICH (ich, Berlinguer) fürchte es nicht, daß die Kommunisten in Italien die Macht ergreifen – was als logisch oder evident erscheinen könnte, es im Grunde aber nicht ist, da es auch das Gegenteil bedeuten könnte (dazu braucht man keine Psychoanalyse): ICH FÜRCHTE MICH davor, daß die Kommunisten in Italien die Macht ergreifen (und dafür gibt es gute Gründe, zumindest für einen Kommunisten).

All das ist gleichzeitig richtig. Darin besteht das Geheimnis eines Diskurses, dessen Ambiguität selber das Abdriften der Macht übersetzt. Es ist unmöglich, eine bestimmte Position des Diskurses auszumachen. Es ist unmöglich, eine bestimmte Position der Macht auszumachen. Man befindet sich am Nullpunkt des politischen Willens. Alle Parteien haben die Kosten für diese Liquidation zu tragen, aber die Kommunisten trifft die Abschaffung des politischen Willens zur Macht am grausamsten.

*

Die Affäre des »gefälschten« Rundschreibens aus Moskau an die Kommunistische Partei Portugals über die wirksamsten Mittel zur Machtergreifung. Alle Akteure dieser Darbietung legten eine unglaubliche Naivität an den Tag. Es bedurfte wirklich einer verärgerten Linken, die diese Ente in Umlauf brachte, um die seit langem verlorene politische Energie der Kommunisten wiederzubeleben. Im Schatten der aufblühenden kommunistischen Parteien gibt es seit langem nur noch eine jungfräuliche Linke, die darauf wartet, von der Rechten vergewaltigt zu werden. War dieses Rundschreiben echt oder gefälscht? Diese Frage ist völlig unwichtig, da offensichtlich das Gegenteil richtig ist: nämlich, daß die Kommunisten seit langem darauf *programmiert* sind, nicht die Macht zu ergreifen. Ein sehr schönes Beispiel für eine offensive Simulation wäre es gewesen, die entgegengesetzte Falschmeldung in Umlauf zu bringen: »Anweisungen aus Moskau an alle kommunistischen Parteien auf der Welt über die wirksamsten Mittel, niemals die Macht zu ergreifen.«

Gegenüber diesem ganzen Schwindel der politischen Sphäre, der sich um die Idee einer Unterwanderung der vorhandenen Ordnung durch die Kommunisten dreht, gegen diese Illusion, die von allen geteilt wird, hätte man diese zerstörerische Simulation einsetzen müssen, das heißt eine Fälschung, die dem gegenwärtigen politischen Simulationsmodell in den Rücken fällt.

Die Kommunisten selber (denn alles geschieht so, als ob sie darum wüßten) führen alle möglichen Ausreden an, indem sie sich auf Kräfteverhältnisse, »objektive« Situationen, etc. beziehen: In einer Zeit der Krise greift man nicht nach der Macht (denn sonst müßte man die Krise des Kapitals verwalten, und man weiß ja, daß das Kapital nur auf diese Ablösung in der Verwaltung wartet, siehe Sanguinetti). Aber das ist völlig absurd, denn wenn die Krise überwunden ist, gibt es überhaupt keine Chance mehr für eine revolutionäre »Ablösung«.

Eine andere, zwar taktische, aber viel komplexere Erklärung: Wenn die Partei die Macht übernimmt, gerät sie in folgendes Dilemma: Entweder muß sie in einen totalen Reformismus verfallen, um ihre Wählerschaft zu halten – und in diesem Fall verliert sie gegenüber den Sozialisten an Boden (was den Reformismus betrifft, wird die Linke ganz allgemein sowieso von der Rechten geschlagen, die sich darauf viel besser versteht) –, oder aber sie muß sich an ihre revolutionären Perspektiven halten und wird sofort beiseite gefegt. Von beiden Seiten in die Enge getrieben, hat die Partei keine andere Wahl, als sich gerade eben unterhalb der Ebene der Macht zu halten, so daß sie den Anschein erwecken kann, als ob sie zum letztendlichen Sieg *berufen* wäre. Auf diese Weise kann sie ihr Image wahren, ohne über ihren Schatten zu springen und sich mit der Realität der Macht auseinanderzusetzen, wobei sie unwiederbringlich untergehen würde. Dadurch wird es der Rechten gleichzeitig möglich, andauernd mit dieser Drohung eines kommunistischen Sieges zu spielen und sich durch ihre Trägheit an der Macht zu halten. So funktioniert die politische Drehscheibe, dieses endlose Szenario, bei dem die Einsätze bei jeder Gelegenheit wechseln und dieselben Karten ständig neu gemischt werden.

Damit ist aber immer noch nicht erklärt, warum die Kommunisten nicht in der Lage sind, das Spiel der Politik zu spielen, das heißt, aus politischen Gründen eine Trennung von Mittel und Zweck vorzunehmen (ein politisches Prinzip, bei dem die Macht der Zweck ist und die Mittel dazu völlig beliebig sind). Sie werden von den Mitteln geblendet und haben jede Zwecksetzung aus dem Auge verloren; sie werden von den fortschreitenden Ergebnissen geblendet, vom langsamen Fortschritt der Massen, von der historischen Bewußtwerdung, etc.; das ist das einzige, woran sie noch glauben. Und da sie im Einklang mit der guten superkantianischen Ethik Mittel und Zwecke homogenisieren wollen, da sie aus der Macht selber ein Mittel gemacht haben, haben sie die Kraft zur Machtergreifung verloren. Sie haben jegliche politische Gewalt aufgegeben – aus diesem Grunde sind sie immer und überall die Opfer und nähren nur noch den Mythos der Verelendung der Massen, die angeblich von einer ausbeuterischen Macht beherrscht werden. Diese jammernde und jämmerliche Gegenbeschuldigung ist der einzige Inhalt all ihrer Diskurse; aber an welche Barmherzigkeit appellieren sie, an welche Instanz der Gerechtigkeit, an welchen Gott, der sie am Kapital rächen soll?

Vielleicht haben die Kommunisten niemals wirklich Geschmack an der Macht gefunden.[3] *Als Kommunisten* haben

[3] Für Kommunisten *als Revolutionäre* verhält es sich sicherlich ganz anders, und dazu gäbe es viel zu sagen. Denn neben der Immoralität des Kapitals, die die Triebkraft der Machtausübung ist, und der unheilbaren Moralität, die den Kommunisten heute eine politische Praxis verbietet (die sich in der Geschichte beide gemeinsam durchgesetzt haben), gibt es einen anderen Weg, der vom Proletariat des 19. Jahrhunderts eingeschlagen worden ist, nämlich eine frontale Herausforderung der Macht durch den Tod, die in den niedergeschlagenen Aufständen und insbesondere in der Commune sichtbar wurde. Man hat Marx vorgeworfen, sich nur dann für die Arbeiterkämpfe zu interessieren, wenn sie niedergeschlagen waren *(Die Klassenkämpfe in Frankreich, Der 18. Brumaire, Die Commune)*. Dieser Marx war wirklich nicht dumm. Denn letztendlich werden diese Kämpfe tatsächlich erst interessant, wenn das Subjekt der Geschichte vernichtet worden ist. Ein einziges Mal ist Marx *unmoralisch*, und angesichts der Vernichtung dessen, was ihm am liebsten war, geht ihm ein Licht auf – vielleicht weiß er im Grunde um die Sinnlosigkeit der linearen oder dialektischen Finalität der Vernunft, dieser siegreichen proletarischen Vernunft, und der Machtergreifung? Vielleicht hat er die Macht am weitesten überdacht, Lenin und Stalin vorausgesehen, und vielleicht hat er neben seiner Berechnung der aufsteigenden Linie der Geschichte die Einschätzung gehabt, daß die Vernichtung »der Klasse« (die sinnlose Vernichtung des Klassen-Subjektes hier und jetzt, ohne eine wirkliche Vernichtung der herrschenden Klasse abzuwarten) die einzig mögliche Herausforderung wäre. Im Grunde ist es wie mit dem Indianer: Es gibt nur ein gutes Proletariat, und das ist ein totes Proletariat. Aber dieser Satz gilt in einem anderen Sinne, denn dieses tote Proletariat ist tödlich für jede Macht und Bürokratie. Zu gewissen Zeiten der Geschichte hat das Proletariat an seiner eigenen Zerstörung gearbeitet (gegen Marx

sie zweifellos immer nur Geschmack an der *bürokratischen* Herrschaft gehabt – was etwas ganz anderes ist als politische Praxis, nämlich nur deren Karikatur.

Dennoch ist der Stalinismus noch voll von politischer Gewalt, weil er den schlichten *Gebrauchswert* der Geschichte, der Massen, der Arbeit und des Sozialen über sich hinausgetrieben hat. Es gibt noch so etwas wie ein absurdes, sinnloses Imperium, das sich jenseits einer rationalen Finalität des Sozialen hemmungslos ausbreitet (Glucksmanns Irrtum über die terroristische Logik der Stalinschen »Arbeits«-Lager im Gegensatz zu den Vernichtungs-Lagern der Nazis, welche gerade deshalb das vollkommenste Herrschaftsmodell enthalten soll). Das Geheimnis des Scheiterns der Kommunisten und ihres Ohnmachtskomplexes liegt vielleicht darin, daß sie sich seit Stalin und seit seinem Tod *mehr und mehr auf den Gebrauchswert orientiert haben*, also auf den naiven Glauben an eine mögliche Transparenz der Geschichte und des Sozialen. Durch die Tilgung jeder anderen Sichtweise außer der einer gesunden Verwaltung der Dinge sind sie in eine *Moralität* zurückgefallen, die seit den schönsten Tagen des Christentums nicht mehr vorgekommen ist. Nachdem die Idee der Revolution, die das Kapital dort herausgefordert hatte, wo es am aktivsten war (und nicht im Bereich seiner angeblichen Rationalität), alles Unmoralische und Maßlose verloren hat, handelt es sich nur noch um eine ganz armselige Revolution, die darin besteht, das Kapital in seiner Unfähigkeit zur Verwaltung der öffentlichen Angelegenheiten abzulösen. Das Kapital hat sich mit seiner »wilden« Ethik weder um den Gebrauchswert noch um einen schonenden Gebrauch des Sozialen gekümmert – es war ein wahnsinniges und grenzenloses Unternehmen zur Aufhebung des symbolischen Universums in eine immer größere Indifferenz und in

selber, vergl. die Commune), und zwar ohne irgendeine aktuelle oder zukünftige Macht zu erringen, sondern gegen jede Macht. Das ist nicht Bestandteil irgendeiner Dialektik und bleibt auf immer unbeschreibbar; aber irgendwie kommt diese Energie des Todes heute in der Verhöhnung aller möglichen Institutionen zum Vorschein, darin eingeschlossen die revolutionären Institutionen, die diese Energie für erledigt gehalten haben.

eine unaufhörlich gesteigerte Zirkulation des Wertes. Das Kapital ist die grenzenlose Herrschaft des Tauschwertes. Es ist nicht wahr, daß das Kapital der symbolischen und rituellen Ordnung eine rationale Ordnung des Zinses, des Profites, der Produktion und der Arbeit, also eine Ordnung der positiven Finalitäten entgegensetzt. Es verlangt eine Ent-Bindung, eine Deterritorialisierung aller Dinge, eine maßlose Extension des Wertes, das heißt eine völlig irrationale Ordnung der Investition und der Besetzung *um jeden Preis* (das Gegenteil des rationalen Kalküls nach Max Weber). Dem Kapital eine Rationalität zuzuschreiben, ist eine Narretei: Das Kapital ist eine Herausforderung an die natürliche Ordnung des Wertes. Diese Herausforderung kennt keine Grenzen. Sie will den Sieg des (Tausch-)Wertes um jeden Preis; ihr Axiom ist Investition (Besetzung) und nicht Produktion. Alles muß wieder eingesetzt werden, wieder ins Spiel gebracht werden; der echte Kapitalist häuft keine Schätze an, genießt nicht, konsumiert nicht, seine Produktivität ist eine endlose Spirale, er verkehrt jede Produktion in äußerste Produktivität – ohne Rücksicht auf Bedürfnisse oder menschliche und gesellschaftliche Zwecke. Diese Art von Kapitalismus, ohne Maß und ohne Moral, war vom 18. bis zum Beginn des 20. Jahrhunderts mehr oder weniger vorherrschend.

Der Marxismus ist nur eine niedrigere Form dieses Kapitalismus. Der Sozialismus ist keine dialektische Form, die dem Kapital überlegen ist, er ist nur die niedrigere, banalisierte Form des Sozialen; der Sozialismus ist eine Form, die durch die politische Ökonomie (die selber von Marx auf eine *kritische* Dimension reduziert worden ist und die somit die irrationale, asketische Dimension verloren hat, welche Max Weber in seiner »Protestantischen Ethik« noch hervorgehoben hatte) *moralisiert* worden ist, und die politische Ökonomie selber ist voll und ganz *vom Gebrauchswert moralisiert worden*.

Das ganze gute *politische* (und nicht nur das ökonomische) Gewissen hat sich in den Gebrauchswert geflüchtet. Dieser Vorgang wiederholt sich auf der Ebene des Sozialen in noch viel grausamerer Form als auf der Ebene der Objekte und der Waren. Denn dieses Mal geht es um den Einsatz des Gebrauchswertes des Sozialen, um *das Soziale als Gebrauchswert*.

Der dialektische Regenbogen, der so lange über dem marxistischen Warenbegriff und am geheiligten Horizont des Wertes geleuchtet hat, hat sich aufgelöst; und an seinen Bruchstücken können wir heute erkennen, was los ist: Der Gebrauchswert ist nicht nur nichts, er ist so etwas wie ein »cache-sexe« der politischen Ökonomie (was Marx, wie man hervorheben muß, insgeheim bereits vorhergesehen hat und später aber keiner seiner Anhänger wahrhaben wollte, so daß der ganze Sozialismus, die Revolutionsidee und die Vorstellung vom Ende der politischen Ökonomie vom Triumph des Gebrauchswertes über den Tauschwert ausgehen – Schluß mit der Warenentfremdung, die Welt wird durch den Gebrauchswert verklärt: vom Gebrauchswert der Objekte bis zum sexuellen Gebrauchswert des eigenen Körpers und, noch allgemeiner, bis zum Gebrauchswert des Sozialen, das jedem endlich das Vorbild für seine eigenen »Bedürfnisse« liefert), und er ist sogar noch schlimmer als das: *er ist eine reduzierte Form des Tauschwertes*. Er ist die vollkommen entzauberte Form der Ökonomie, die Null- und Endstufe der Nützlichkeit, die den delirierenden, endlosen Prozeß des Warentausches und der Einordnung aller Dinge in die erhabene Spezies des Geldes abschließt (wie man weiß, wird alle Welt leidenschaftlich – und kollektiv – von diesem Prozeß erregt, während der Gebrauch, die Funktion, das Bedürfnis, etc. jeden nur als einzelnen in unendlich resignierter Weise »interessiert«). Wenn ein Objekt, ein Wesen oder ein Gedanke seinen Gebrauchswert (seine Funktion, etc.) gefunden hat, ist alles zu Ende und es kommt zu einer völligen Entropie: der Gebrauchswert ist so etwas wie die Wärme im zweiten Gesetz der Thermodynamik: DIE UNTERSTE FORM DER ENERGIE.

Die Kommunisten glauben an den Gebrauchswert der Arbeit, des Sozialen, der Materie (ihres Materialismus) und der Geschichte. Sie glauben an die »Realität« des Sozialen, der Kämpfe, der Klassen und von wer weiß, was sonst noch. Sie glauben an alles, sie wollen an alles glauben, das macht ihre tiefe Moralität aus – und das nimmt ihnen jegliche politische Fähigkeit.

Sie glauben nicht mehr an den heiligen Horizont des Scheins – die Revolution will mit dem Schein Schluß machen –, sondern einzig an den beschränkten Horizont der Realität. Sie glauben an die Verwaltung der Dinge und an eine empirische Umwälzung, die über kurz oder lang folgen soll. Sie glauben an die Kohärenz und Kontinuität der Zeit. Ihnen entgeht vollkommen die Maßlosigkeit, die Immoralität, die Simulation und die Verführung, welche Bestandteil des Politischen sind. Eben das macht sie so dumm, so abgrundtief dumm; sie sind vollkommen mit ihrer geistigen Bürokratie verwachsen. Und noch konkreter gesagt, gerade deshalb sind sie unfähig, die Macht zu ergreifen oder festzuhalten. Sie sind zu Verwaltern des Gebrauchswertes des Lebens geworden – mit dem feinen Lächeln des Kommunalbeamten und der provinziellen Behäbigkeit der Techniker der Mittelklasse (die »Mittelklassen« resultieren aus der historischen Domestizierung und Verdummung durch den Gebrauchswert). Das »Proletariat« hatte sich auf der Ebene der Grausamkeit des Tauschwertes und seines allgemeinen Systems geschlagen, das heißt, auf der revolutionären Ebene des Kapitals, und dabei auf Leben und Tod gegen das Kapital ihre eigene Tauschwert-Unmenschlichkeit eingesetzt. Heute ist statt dessen alles zu einem infantilen Gejammer um immer mehr Gebrauchswert geworden – und gerade darin besteht die Ideologie der Mittelklasse. Sozialismus und Kommunismus sind der Ausdruck dieser Degradierung der herrschenden Werte des Kapitals und des Zusammenbruchs des politischen Spiels.

Da sie zu schlichten Theoretikern und Praktikern des *guten Umgangs mit dem Sozialen* mit Hilfe eines guten Umgangs mit der politischen Ökonomie geworden sind, sind die Kommunisten sogar noch tiefer gesunken als das Kapital. Sie sind nur noch dazu in der Lage, die Verwaltung der untersten Form des Wertgesetzes zu leiten.

*

Das ist das definitive Ende der Dialektik. Schluß mit dem großen marxistischen Versprechen.

> »Die Bedingung der Befreiung der arbeitenden Klasse ist die Abschaffung jeder Klasse, wie die Bedingung der Befreiung des dritten Standes, der bürgerlichen Ordnung, die Abschaffung aller Stände war.« (K. Marx, Das Elend der Philosophie, MEW Bd. 4, S. 181)

Das ist falsch, denn die Dialektik ist passé, beziehungsweise – das ist die Kinderkrankheit der marxistischen Theorie – sie hat niemals aufgehört, auf der Seite des Kapitalismus zu stehen. Und was an der Unmöglichkeit für die Kommunisten, die Macht zu ergreifen, und an ihrer Macht-Phobie deutlich wird, ist die historische Unfähigkeit des Proletariats, eben das zu tun, was die Bourgeoisie zu ihrer Zeit zu machen wußte: die Revolution.

Als die Bourgeoisie die Feudalordnung abschaffte, hat sie wirklich eine Ordnung und einen ganzen Code sozialer Beziehungen (Geburt, Ehre, Hierarchie) umgewälzt, um ihn durch einen anderen zu ersetzen (Produktion, Ökonomie, Rationalität, Fortschritt). Und gerade weil sie sich als *Klasse* sah (und nicht als Ordnung oder *Stand*: »dritter Stand« war ein Ausdruck, den man ihr von außen beilegte), das heißt als etwas radikal Neues, als radikal neue Konzeption der sozialen Beziehungen, konnte sie die *Kasten*-Ordnung erschüttern.

Das Proletariat seinerseits hat der Ordnung einer Klassengesellschaft nichts radikal entgegenzusetzen. Im Gegensatz zur Bourgeoisie, die ihr Spiel (die Ökonomie) spielt, indem sie ihren Code durchsetzt, will sich das »Proletariat« im Namen der Produktion befreien, was bedeutet, daß die Begriffe, im Namen derer sich die Bourgeoisie als Klasse *befreit* hat, dieselben wären, im Namen derer das Proletariat sich als Klasse *negieren* würde. Das sind die bösen Folgen der Dialektik, mit der die Bourgeoisie das Proletariat infiziert hat. Die Bourgeoisie hat die Feudalordnung nicht »dialektisch überschritten«, sie hat an ihre Stelle eine beispiellose Wertordnung gesetzt – Ökonomie, Produktion und Klasse als antagonistischer Code und ohne Gemeinsamkeit mit dem feudalen Code. Und ihre eigentliche Strategie besteht darin, das Proletariat in der Falle des Klassen-*Status'* zu fangen, das heißt in der Falle des Klassen-*Kampfes* – warum nicht? –, weil die Klasse ein Code ist, für den sie das Monopol hat: Die Bourgeoisie ist die einzige Klasse auf der Welt – wenn sie es schafft, daß das Proletariat sich selbst als Klasse anerkennt, *selbst um sich als solche zu negieren*, hat sie gewonnen.

Die wirkliche Ablösung, die die Kommunisten und die Linke zustande bringen werden (und die sie bereits einige Male zustande gebracht haben), besteht nicht in dem, was Sanguinetti in seinem *Bericht* verkündet, um es zu kritisieren. Sie ist noch sehr viel düsterer und subtiler: *Die Kommunisten werden eines Tages die Macht ergreifen, um zu verbergen, daß es keine Macht mehr gibt.* Es wird also weder um eine Subversion des Kapitals noch um eine Revolution des Kapitals in sich selber gehen, sondern ganz einfach um eine Involution des Politischen, um eine Resorption des Politischen und der ganzen politischen Gewalt in eine Gesellschaft, die ausschließlich den Simulationsspielen der Masse überlassen ist.

September 1977[4]
Kastriert am Vorabend der Hochzeit

Die Linke ist wie Poulidor. Sie radelt stolz in Richtung Macht, die Massen jubeln ihr zu, und, kurz vor dem Sieg, fällt sie auf den zweiten Platz zurück, in den Schatten, in die Nische der Opposition. Oder die Linke ist wie Eurydike: sobald die Macht sich umdreht, um sie zu ergreifen, verschwindet sie in der Unterwelt, eine Jungfrau und Märtyrerin, die im Schatten der Tyrannen verschwindet.

Genug des Radsports und der Mythologie. War die Enttäuschung vom 23. September das Ergebnis einer politischen Schlappe, oder rührte sie daher, daß man uns jegliche Entscheidung am Wahltag genommen hatte? Auch die Verwirrung der Rechten ist ein interessantes Symptom; sie ist nicht in der Lage, das auszuschlachten, was für sie ein Sieg sein müßte, aber eigentlich keiner ist, denn was in diesem vorausgeplanten Szenario des Sieges und der Auflösung der Linken zum Vorschein kommt, ist gerade die *Antizipation*, die Präzession des Szenarios über die historische Entscheidung – und das ist genauso tödlich für die

[4] Seit den Kommunalwahlen im März ist kaum ein Tag vergangen, ohne daß Kommunisten und Sozialisten sich über alle möglichen Punkte ihres künftigen gemeinsamen Wahlprogrammes für die nächsten Wahlen im März 1978 gestritten haben (Verstaatlichungen, Regierungsbeteiligung, Sozialpolitik, etc.). Am 14. 9. 77 kommt es zu einem »Gipfeltreffen« der drei Linksparteien, das mit einem Eklat endet, als die Radikalsozialisten unter Fabre die Diskussion abbrechen, weil er keine Einigungsmöglichkeit über die vorzunehmenden Verstaatlichungen und die Höhe des durchschnittlichen Mindesteinkommens sieht. Alle Parteien bekräftigen, daß es sich nicht um einen endgültigen Bruch handeln soll. Eine Woche später werden die Verhandlungen wieder aufgenommen. Die P. C. gibt etwas nach, sie verzichtet auf die unmittelbare Verstaatlichung der Automobil- und Erdöl-Industrie, besteht aber auf der Stahlindustrie. Dennoch kommt es nach mehrtägigen Verhandlungen weder über die Sozialpolitik noch über die Verstaatlichungen oder die Verteidigungspolitik zu einer Einigung. Am 23. 9. werden die Verhandlungen endgültig abgebrochen. Das Bündnis bleibt zwar bestehen, aber es kommt vorerst zu keinem gemeinsamen Programm. (A. d. Ü.)

Rechte wie für die Linke, da es das Ende jeder strategischen Perspektive bedeutet. Von dieser Wendung des Politischen in die Simulation ist die gesamte politische Klasse betroffen; und keine der vorhandenen Kräfte noch die schweigende Masse kann etwas dagegen tun, denn wenn auch jeder manipuliert, so kann doch von keinem gesagt werden, daß er den Simulationsprozeß beherrscht (etwas anderes geschieht vielleicht auf der Ebene der »schweigenden Masse«).

Beide Seiten werfen sich gegenseitig vor, sich zum Schein zu spalten, um sich zum gegebenen Zeitpunkt wiederzuvereinigen, das heißt, sie werfen sich vor, eine Strategie zu haben. Aber das ist nur ein Lockmittel zur Unterhaltung der Massen. In Wirklichkeit betreibt die ganze Rechte und Linke *gemeinsam* die Arbeit der Differenz; sie arbeiten *zusammen*, um das politische Simulationsmodell zu schützen; und dieses geheime Einverständnis beherrscht weitestgehend ihre wechselseitigen Strategien. In diesem System der simulierten Streitigkeiten und Überzeugungsversuche (welches auch das System der friedlichen Koexistenz auf Weltebene ist) gibt es übrigens keinerlei Strategie mehr, sondern nur noch eine Art von Schicksal, das uns alle absorbiert, ein Schicksal der unausweichlichen Produktion von Sozialem und der Überredung *durch* das Soziale. (Und wir besetzen diese Produktion des Sozialen als ein irreversibles Ideal, und sei es auch nur, um es zu bekämpfen.) In diesem System der taktischen Arbeitsteilung bedeutet das Ausscheren einer der Parteien (heute der Linken) eine Art von Verrat, ein Tiefschlag oder eine Fehlleistung, denn es führt zu einer Schrumpfung der Besetzung des Politischen, da eben diese Energie der Absorptionssphäre des Sozialen entzogen wird – und das ist eine Niederlage für alle. Im Klartext gesprochen, die Linke benimmt sich schlecht. Während sie sich einbildet, sich für Kleinigkeiten zu zerreißen, besteht ihre wirkliche Rolle, die sie niemals vermeiden kann, darin, im Spiel des politischen Gleichgewichts- und Schwebezustands mit der Rechten ein vertrauenswürdiger und solider Partner zu sein, das heißt, ein gut leitender Elektrizitätspol des Sozialen (an dem man sowohl die Vereinigung der Sowjets und der Elektrizität in der Definition des Sozialismus als auch die Begegnung von Regenschirm und Nähmaschine auf dem Seziertisch wiederfindet[5]).

Im übrigen kann man sagen (und der Witz bei dieser Geschichte ist, daß die Tatsache, daß alle Hypothesen gleichzeitig möglich sind, heute genau das [oder das Ende des] Politische[n] definiert: das Nebeneinander aller möglichen Hypothesen, von denen keine die anderen eliminiert, wie in einem Zustand der Schwerelosigkeit, die Doppelbelichtung und zyklische Überlagerung aller möglichen Modelle – denn gerade diese *Anti-Gravitation*, diese Unbestimmbarkeit der Wirkungen, ist spannend und versetzt uns in Leidenschaft, weil sie jeder Strategie und jeder politischen Rationalität ein Ende setzt), wenn sich das Problem der Machtübergabe an die Linke fast überall auf der Welt als eine Art von Kutanreaktion in Richtung »Sozialismus« stellt, dann handelt es sich nicht oder nicht mehr um die traditionelle Wende einer Rechten, die – da sie mit dem Umgang der Macht vertraut ist – vorübergehend zugunsten der Linken auf die Macht verzichtet, um diese zu einem zeitweiligen Stellvertreter oder Transmissionsriemen der »herrschenden Klasse« zu machen. Die Linke als historische Prothese der Rechten (was übrigens auch nicht falsch ist). Diese Hypothese bildet noch die Grundlage des Buches von Sanguinetti über die besten Mittel zur Rettung des Kapitals in Italien.

Doch wenn man davon ausgeht, daß die Grundfrage heute nicht mehr die des Kapitals ist, sondern die des Sozialen, und daß die einzige Taktik zur Regenerierung des Sozialen und zur gesteigerten Produktion des Sozialen im Diskurs der Krise besteht, dann muß man annehmen, daß die Linke sich der Macht als glaubwürdigster Wortführer, als umfassendster Ausdruck und als treuester Spiegel der Krise anbietet, da sie aus dem *kritischen* Denken hervorge-

[5] Eine Anspielung auf Aussprüche von Lenin und Lautréamont. Lenin hatte definiert, Sozialismus sei Elektrifizierung plus Sowjetmacht. Lautréamonts Satz: »Schön wie die ungewöhnliche Begegnung einer Nähmaschine und eines Regenschirms auf dem Seziertisch« wurde von Breton zur Definition des surrealistischen Schönheitsbegriffes herangezogen. (A. d. Ü.)

gangen ist und von ihm genährt wird. Die Macht wird ihr nicht nur übertragen, um eine reale Krise (die es gar nicht gibt) zu lösen, sondern um den *Diskurs* der Krise, die kritische Phase des Kapitals, zu verwalten, die kein Ende hat, da sie eine Krise des Sozialen ist.

Wenn es irgend etwas von Marx festzuhalten gilt, dann folgendes: Das Kapital produziert das Soziale; das ist seine eigentliche Produktion, das ist seine »historische Aufgabe«. Und die großen Phasen des Sozialen, die Konvulsionen und Revolutionen, fallen mit der Aufstiegsphase des Kapitals zusammen. Wenn die objektiven Bestimmungen des Kapitals schwächer werden, überschreitet das Soziale es nicht in einem dialektischen Schritt, sondern es löst sich auch selber auf – so wie einem realen Sterbenden ein imaginärer Blutloser korrespondiert. Wir können heute beobachten, daß die Linke denselben Tod stirbt wie die Macht.

Aber man kann auch sagen (immer wieder »reversible« Hypothesen): Für die Rechte besteht am Ende eines bestimmten Machtabschnittes immer die Gefahr, eine Stagnation, eine Involution des Sozialen (der Beteiligung der Massen, etc.) hervorzurufen. Einzige Lösung: eine Reinjektion, eine Überdosis von politischer Simulation in den sich in Agonie befindlichen Sozialkörper. Eine Revolution in homöopathischen Dosen, welche von der Linken verabreicht werden, die somit an die Stelle der Produktion des Sozialen tritt, so wie die Gewerkschaften eingesprungen sind, um die Stelle des Kapitals bei der endgültigen Sozialisierung der Arbeit zu übernehmen. Haben sie es aber geschafft?

Paradox an diesem Auftritt des Sozialismus und der Linken ist, daß er *zu spät* kommt, nämlich erst dann, wenn der Sozialisierungsprozeß nach der aufsteigenden und gewaltsamen Phase der kapitalistischen Sozialisierung bereits im Niedergang ist, erst dann, wenn das Soziale mit der Trauerarbeit beginnt. Die Linke kommt immer nur an die »Macht«, um die Trauerarbeit des Sozialen zu organisieren, das heißt die langsame Auflösung, Resorption, Involution und Implosion des Sozialen – und das nennt man dann Sozialismus. Ebenso gelangen die Gewerkschaften erst dann zur triumphalen und unbestrittenen Verwaltung der Arbeitssphäre, wenn der sich verallgemeinernde Arbeitsprozeß seine historische Ansteckungskraft verliert und im Szenario seiner eigenen Repräsentation untergeht.

Aber ist dieser Sozialismus überhaupt in der Lage, diese Trauerarbeit richtig durchzuführen? Mit Sicherheit nicht: er kann die Zeichen des Sozialen nur vervielfachen und das Soziale zu Tode simulieren. Und in diesem Fall muß man sich wie bei jeder gescheiterten Trauerarbeit darauf einstellen, daß wir in Melancholie verfallen.

*

Am interessantesten bei der gegenwärtigen Veränderung (Peripetie) ist die Präzession des Szenarios über das Reale. Es handelt sich um eine Art von vorzeitiger Ejakulation (alles geschieht oder geschieht nicht sechs Monate vor den Wahlen), die einer zu frühen Kastration entspricht, einem Bruch beim Skandieren des Ereignisses, das insgeheim immer ein unvorhersehbares Zusammentreffen und ein minimales Unsicherheitsmoment enthält. So war zum Beispiel der Mai 68 ein Ereignis höchsten Grades, da er weder vorherzusehen noch ein Modell künftiger Veränderungen war. Heute handelt es sich um eine ganz gegenteilige Entwicklung: Kehrtwendungen, Überraschungen und Brüche wie im Szenario eines Kasperle-Theaters, das von alten Politprofis mit vollem Bewußtsein in Szene gesetzt wird: ein verfrühtes Fehlereignis, das nur noch einem Pseudo-Ereignis die Ehre erweist, nämlich den Wahlen, so wenig politische Spannung sie auch haben mögen. Das ist der Effekt eines Systems der kalkulierten Programmierung und Entprogrammierung, eines Systems der Überredung, in dem sich nicht einmal mehr das Reale produzieren kann.

Unabhängig von den Beweggründen und Machenschaften der einzelnen Akteure dieses Theaters ist es gerade diese Beseitigung der wenigen Chancen, des geringen Charmes, der noch zum Realen, zum Realitätsprinzip des Ereignisses gehörte, was uns alle anekelt, ohne daß wir etwas dagegen tun könnten. Das Reale wird niemals mehr stattfinden, totgeboren sind die Kräfteverhältnisse, die sich in ihm entfesseln könnten; allein das Phantom der schweigenden Mehrheit geistert noch durch diese Wüste und verbeugt sich im voraus vor dem Ergebnis der Wahlurnen des März, die heute noch viel gleichgültiger als ein früherer Lebensabschnitt sind, da der Vorhang bereits gefallen ist.

Und trotzdem wird die Kommunistische Partei (P. C.) für diese Affäre am meisten zur Verantwortung gezogen werden (auch wenn das Unwetter der Simulation sie bereits von ferne überzieht), weil sie dazu beigetragen hat, diese Gleichgültigkeit zu säkularisieren und jedermann den Geschmack des Politischen zu verschaffen, um zu einer disziplinierten Organisation, zu einer ökonomischen Sicht und reinen Transparenz des Sozialen zu gelangen. Die P. C. hat gute Chancen zur Schaffung des Sozialen als reines Element, als reine Abstraktion und als Nullpunkt der politischen Energie, sie hat gute Aussichten mit ihrer simplen Wut zur Verwaltung des Sozialen, da sie der einzige »homogene« soziale Apparat ist. Aber gerade diese Homogenität kann auch nur ein Ergebnis des Apparates sein; und das Soziale, das mit aller Gewalt auf seinen Nullpunkt reduziert worden ist, könnte plötzlich schlichtweg unter ihrem Hintern zusammenbrechen.

*

Welch eine Absurdität, ein »Regierungsabkommen« zu treffen! Als ob die Macht nur ein Mittel zur Anwendung eines Programmes wäre. Darin zeigt sich ein Riesenmißverständnis der Macht, eine völlige Verkennung des Politischen – wofür dieses sich übrigens in gewisser Weise rächt, denn das Unvermögen zu politischer Herrschaft wächst in dem gleichen Maße wie die elende Auffassung von der Macht als Gebrauchswert. Um den Staat als exekutives *Räderwerk* der »herrschenden Klasse« zu analysieren, haben die Kommunisten sich selber kastriert und verfügen somit nicht mehr über die Energie zur Übernahme des Staates (ganz zu schweigen von seiner Abschaffung!). Daß die

Macht eine *Form* ist, deren Inhalte unvorhersehbar sind und in der sich die Einsätze umkehren können, und daß die Logik des Politischen den Herrschenden oder die herrschende Klasse dahin bringen kann, die eigene Basis aufzufressen und die eigenen Ziele zu verbrennen – das soll um jeden Preis abgemildert werden. Und dafür gibt es nur eine Lösung: ein Programm. Man muß das Politische von vornherein durch ökonomische und soziale Rationalität neutralisieren. Die Form darf nur noch vorher festgelegten Inhalten gehorchen, so wie das reale Ereignis nur noch das Echo eines vorherberechneten Szenarios sein darf. Dieselbe Abschreckung, dieselbe Verhütung, dieselbe Enttäuschung.

Die Massen, die zweifellos eine unheilbare politische Halluzinationskraft haben, haben von einem »Sieg der Linken« sicherlich eine Zukunft voller Überraschungen erwartet. Und gerade davon mußte man sie abbringen, bevor es zu spät war, indem man sie an eine programmatische Logik fesselte. Jedes Programm ist abschreckend, weil es sich gegen die Zukunft wappnet. Je mehr Möglichkeiten zur Schaffung und Beseitigung von Situationen es bietet, bevor diese stattgefunden haben, um so besser kann man es unendlich oft reaktualisieren, ohne Gefahr zu laufen, daß es akut wird, und um so mehr an aberwitziger Energie kann man verschwenden, die ansonsten bedrohlich wäre. Das ist das in die Potenz einer präventiven Rechtssprechung erhobene Modell einer ganzen Gesellschaft. Die Erpressung zum Programm kann alle anderen Repressionen ersetzen. Zwischen den harten Technologien der Überredung und der erzwungenen Sozialisierung und den weichen Technologien der reinen Abschreckung repräsentiert das Programm den Bastard der modernen Sozialbürokratien.

Kurz vor Beginn des Sommers, mitten im Vorgefühl des sicheren Sieges, muß die Panik im Zentralkomitee sehr tief gegangen sein. Aber man kann vermuten, daß die Abschreckungsoperation bereits seit den Präsidentschaftswahlen vorbereitet war, als es deutlich wurde, daß die kritische Schwelle des fifty/fifty überschritten und der Eintritt in die Regierung unvermeidlich werden würde. Von da an gab es einen großen Hoffnungsschub als Vorspiel zur Weihung für die Macht – aber *zu früh*, viel zu früh, so als ob man das Fell des Bären verkaufte, weil man *sich fürchtete*, ihn zu töten, als ob man den Teufel an die Wand malte, um ihn zurückweichen zu lassen – und gleichzeitig wurde das Szenario der Abschreckung, der Entmobilisierung und der Enttäuschung in Gang gesetzt. Die ganze Geschichte der P. C. besteht darin, die gleiche Energiemenge zur Mobilisierung und zur Entmobilisierung der »Massen« einzusetzen, so daß sich ein Nullsummenspiel ergibt. Darin besteht das große Spiel des Sozialen: die Massen werden in den Kreislauf einbezogen und sofort wieder ausgegrenzt, Beschleunigung und Abbremsen des Kreislaufes, Ankurbeln und Abschwächen (das war auch der Zyklus der chinesischen Kulturrevolution), wobei es ein Hauptmoment gibt, nämlich das der Abschreckung (45: Entwaffnet Euch! – 48: Man muß einen Streik auch beenden können. – 68: Generalstreik und Wahlen, und dieses Mal: Spaltung des Linken Bündnisses). Man wird die historische Rolle der P. C. als Abschreckungsmaschine niemals hoch genug bewerten können. Was bleibt von den Energien, die in diesem nutzlosen und zyklischen Verbrennungsapparat verheizt werden, übrig? Eben das Soziale. Das Soziale als Abfallhaufen, als ständig wachsender Ausschuß, der von allen gescheiterten Revolutionen übrig bleibt. Das Soziale als Niederschlag, als träge Masse, die entsprechend einer endlich vollkommen im Sozialismus realisierten Abstraktion alles bedeckt. Die berühmten sozialen Fortschritte, die seit einem Jahrhundert die ganze Ideologie der Linken ausmachen, sind nur die Phasen dieser wachsenden Neutralisierung.

Ganz und gar lächerlich ist, daß die P. C. und Marchais sich immer noch für historische Schreckgespenster halten, wenn sie verlogen proklamieren: »Aber ja, wir wollen die Macht!« Nachdem sie zwanzig Jahre lang ihre Unschuld bekundet haben: »Nein, wir wollen die Macht keineswegs!«, um auf der politischen Bühne anerkannt zu werden, will es die Ironie, daß sie in den Verdacht geraten sind, die Macht nicht zu wollen. Niemals hat man ein schöneres Beispiel für einen Apparat gesehen, der zum wirksamen

Zeichen seiner eigenen Verhöhnung geworden ist. Aber im Grunde wird diese Rolle von allen Seiten mit Beifall bedacht, weil die P. C. von allen gerade so gebraucht wird, wie sie sich in ihrem Inneren durch ihre politische Kastration verändert hat: großsprecherisch, arrogant, trickreich, provinziell, hurrapatriotisch und bürokratisch verkörpert sie das sichtbare Antlitz der Revolution, das heißt, das ansonsten für immer unsichtbare Antlitz einer Revolution, die endlos um die Kreisbahn des Kapitals gravitiert.

Und die anderen Parteien und wir selber erhöhen sie aufgrund der Verwirrung, die der Gedanke an ihr Verschwinden auslöst, zweifellos noch ins Maßlose. Sie ist trotz allem das letzte große Überbleibsel einer vergangenen Ära des Politischen. Und ihre Stärke liegt sicherlich in der Erpressung und in der Nostalgie. Und ihr gegenwärtiger Triumph besteht darin, die Situation auf der Ebene einer veralteten Problematik zu blockieren (Verstaatlichungen, Landesverteidigung, Lebensstandard der arbeitenden Massen), an die sie in ihren besten Momenten selber nicht glaubt. Die P. C. hatte ihre Bedeutung im Hinblick auf eine Diktatur des Proletariats. Heute muß sie sich mit der Trägheit der Massen auseinandersetzen, mit ihrer Trägheitskraft, die zweifellos zu einer neuen Art von Gewalt führen wird – und angesichts dieser Auflösung des Sozialen, angesichts dieser diffusen und unverständlichen Lösung, zu der das Soziale ebenso wie das Politische geworden ist, fällt der P. C. wie auch vielen anderen nichts mehr ein.

Trotzdem muß man versuchen, sie zu verstehen. Es ist nicht einfach, in einer Gesellschaft, die sich inmitten der Revolution in Richtung auf die Soft-Technologien (auch der Macht) befindet, einen harten Apparat und eine harte Ideologie aufrechtzuerhalten. Monopolisierung, Zentralisierung, Programmierung, Bürokratie und atomare Verteidigung – die P. C. bleibt der letzte große Gegner der angepaßten, coolen, selbstverwalteten und ökologischen Kontakt- (nicht Kontrakt-)Sozialität. Gegenüber der »Psycho«-Gesellschaft, dem Porno, der freischweifenden Libido und der gesellschaftlichen Eingliederung des Schizos steht die Partei noch auf seiten der Asyl- und Disziplinar-Gesellschaft, auf der Seite der Einschließung und des Apparates; sie tritt voll für einen Überwachungsraum ein – sie ist also in ihren Zielen stalinistisch, verfügt aber nicht mehr über die politische Gewalt des Stalinismus, sie hat eher das Aussehen eines Stalinisten auf Urlaub, herausgeputzt mit dem Flitterrock eines New Look, der ihr das Aussehen eines Transvestiten der modernen Geschichte gibt.

Sicherlich ist die fließende und taktile, die taktische und psychedelische Gesellschaft, zu der man uns hindrängt, und die Ära der Soft-Technologien nicht weniger grausam als die der harten Technologien – und angesichts der beunruhigenden Absonderlichkeit der Simulation könnte man der Diktatur des Proletariats, diesem klaren und kraftvollen Konzept, beinahe nachtrauern (selbst wenn es sich um eine Diktatur *über* das Proletariat handeln sollte, tut das der utopischen Transparenz dieses Konzeptes keinen Abbruch – gerade aufgrund der Doppeldeutigkeit des Genitives war es ein starkes Konzept). Heute gibt es nicht einmal mehr ein Proletariat, das durch einen zwischengeschalteten Despoten über sich selber eine Gewaltdiktatur ausübt – das gehörte noch zum politischen Einsatz und zum Antrieb des totalitären Staates, zum Einsatz der Vernichtung, für den die Lager das extreme Beispiel bilden, mit dem verrückten Traum des Despoten von der *Vernichtung seines eigenen Volkes* (Hitler befahl 1945 den Tod des deutschen Volkes) – es gibt nur noch fließende und schweigende Massen, die variablen Gleichungen der Umfragen und Objekte für die andauernden Tests, die die Objekte wie in einer Säure auflösen. Testen, abfragen, kontaktieren, anstacheln, informieren – eine Mikrobentaktik, eine Ansteckungstaktik, bei der das Soziale durch winzig kleine Abschreckungen abstirbt und nicht einmal mehr die Zeit zum Kristallisieren hat. Früher hat die Gewalt das Soziale kristallisiert und gewaltsam eine antagonistische soziale Energie freigesetzt. Diese Demiurgie ist noch Bestandteil des Stalinismus. Heute werden wir von einer sanften Semiurgie beherrscht.

Die Frage nach einem möglichen Widerstand gegen diese verheerende Taktilität und nach einer möglichen Umkehrung der Simulation gerade auf der Basis des abgestorbenen Sozialen bleibt offen. Ebenso das Problem eines »entsozialisierten« Nebelbereiches und neuer Implosionsprozesse, die sich dort produzieren. Aber den Soft-Technologien stellt die P. C. nur die künstliche Aufrechterhaltung eines gesellschaftlichen »Massen«-Apparates und die veraltete »Mobilisierungs«-Ideologie entgegen, obwohl inzwischen alles bereits viel mobiler geworden ist, als sie denkt, und mit einer unkontrollierbaren Mobilität zirkuliert, *darin eingeschlossen die P. C. selber*, die wie alle Welt wider Willen in eine taktische Beweglichkeit geraten ist, welche keine Strategie und keinen wirklichen, sozialen oder historischen Bezugspunkt hat und selber bereits seit langem vom Kreislauf mitgerissen wird, auch wenn sie sich verzweifelt den Anschein des Gegenteils gibt: solide Infrastrukturen und unveränderliche Zielsetzungen. Aber diese überholte Widerstandsform selber dient der Toleranzgesellschaft noch als funktionales Schreckgespenst und als ideologisches Heiligtum zur Konservierung der Massen.

*

Die Auffassung der P. C. von den Massen, von der Ökonomie, vom Politischen und von der Revolution ist genauso rückständig wie ihre Vorstellung von der Kultur, die sie immer als dekorativen bourgeoisen Realismus und als szientifischen Links-Objektivismus begriffen hat. Sie ist ein Vertreter des Bildlich-Sozialen, das heißt das politische Äquivalent des bildhaften Realismus in der Malerei. Alle Umwälzungen, die seit dem 18. Jahrhundert in Form, Raum und Farbe stattgefunden haben, sind politisch ein toter Buchstabe geblieben – und insbesondere in der revolutionären Politik, die sich berufen fühlt, dem »historischen« Wahrheits-, Realitäts- und Rationalitätsprinzip zu folgen. Nicht nur kann man sich bereits kein Äquivalent für die Dekonstruktion des Gegenstandes in der Malerei und für die Abstraktion vorstellen (eine Dekonstruktion des politischen Raumes, des Subjektes der Geschichte, des Referenzpunktes der Klasse?), sondern erst recht die neue Drehung der Spirale, die zum Hyperrealismus, zum Stillstand des Repräsentationsspiels am Abgrund und zur Hypersimulation des Realen führt, hat bis heute kein Äquivalent in der politischen Sphäre gefunden. Gibt es überhaupt in den Köpfen der Politiker und Politikerinnen eine Vorstellung, einen schwachen Schimmer davon, daß alle ihre Energien und Diskurse so etwas wie hyperrealistische Leistungen geworden sein könnten, das heißt, daß sie Hyperrepräsentationen einer nicht vorhandenen Realität sein könnten?

Ein Tisch ist immer das, was er ist, aber es hat überhaupt keinen Sinn mehr, ihn so darzustellen, »wie er ist«.

Eine Ware ist immer das, was sie ist (auch wenn Marx bereits gezeigt hat, daß sie bereits nicht mehr das war, was sie gewesen ist), aber es hat überhaupt keinen Sinn mehr, von ihrem Gebrauchswert zu sprechen und zweifellos auch nicht von ihrem Tauschwert, der noch zum Vorstellungsraum der Ware gehört.

Die Macht ist immer das, was sie ist, aber es hat heute weder einen Sinn, von dem zu sprechen, was sie repräsentiert, noch sie sich selber als »real« vorzustellen.

Das Reale selber ist immer, was es ist, aber es hat weder einen Sinn, es zu denken, noch es als solches zu reflektieren.

Die P. C. selber ist wie das Reale und das Soziale immer das, was sie ist, aber sie ist zweifellos eben nicht mehr als *das*: das heißt, sie erschöpft sich in ihrer eigenen Ähnlichkeit. Hyper.

Denn im Grunde hat dieselbe Arbeit (die nicht einmal eine Trauerarbeit ist, da diese noch einen melancholischen Bezugspunkt hat und wie die Übertragung noch zu einer Lösung führt; der zur Trauerarbeit gehörige Tod ist noch ein *reales* psychisches Ereignis und Bestandteil einer Geschichte), dieselbe Arbeit der Dekonstruktion, der Abstraktion und der Hyperrealisation, die im Bereich der visuellen Darstellung und der sinnlichen Wahrnehmung stattgefunden hat, zweifellos auch, und ohne daß irgend jemand es bemerkt hat, in der politischen, ökonomischen und sozialen Sphäre stattgefunden – und die immer mehr zunehmende Bedeutung des Sozialen ist seit langem nur noch die einer toten oder hyperrealen Sozialität, so wie die immer mehr zunehmende Bedeutung der Arbeit nur noch die der toten Arbeit, die von eindringlichen Zeichen des abgestorbenen Arbeitsprozesses ist – so wie der Sex nur noch als sexuelles Modell eine Bedeutung hat, das in den allgegenwärtigen Zeichen der Befreiung, im unvermeidlichen Szenario der Lust und in der endlosen Finalität des Wunsches hyperrealisiert wird.

Damit haben wir uns sehr weit von dem manifesten Diskurs dieser versunkenen Welt der Rechten und der Linken und ihrem politischen Realismus entfernt. Aber vielleicht berührt diese realistische Erblindung nur die sogenannte »politische Klasse«, die als einzige an das Politische und die politische Repräsentation glauben muß, so wie die in der Werbung Beschäftigten als einzige an die Werbung glauben müssen.

Das Soziale, die Idee des Sozialen, das Politische und die Idee des Politischen sind zweifellos immer nur von einer Minderheitsfraktion getragen worden. Anstatt das Soziale als eine Art von Ursprungsbedingung, als eine Tatsache, die alles andere beinhaltet, oder als eine transzendentale Gegebenheit *a priori* zu begreifen, wie man es mit Zeit und Raum gemacht hat (aber gerade Zeit und Raum sind inzwischen als Code relativiert worden, was dem Sozialen niemals widerfahren ist – das Soziale ist im Gegenteil als natürliche Evidenz erhöht worden: alles ist sozial geworden, wir baden darin wie in einer mütterlichen Plazenta, und der Sozialismus setzt all dem noch die Krone auf, indem er es als künftiges Ideal beschreibt – alle Welt betreibt Soziologie bis zum Erbrechen, man erforscht die geringsten Umschwünge, die unscheinbarsten Nuancen des Sozialen, ohne jemals das Axiom des Sozialen selber in Frage zu stellen), sollte man fragen: wer hat das Soziale produziert, wer steuert diesen Diskurs, wer hat diesen Code entwickelt und mit dieser universellen Simulation begonnen? War es nicht eine bestimmte kulturelle, technische, rationale und humanistische Intelligenz, die im Sozialen ein Mittel gefunden hatte, um alles andere zu denken und es in einen universellen Begriff (den einzigen vielleicht) einzuordnen, welcher nach und nach einen grandiosen Referenzpunkt gefunden hat: nämlich die schweigende Masse, von der die Essenz und die unerschöpfliche Energie des Sozialen auszugehen und auszustrahlen scheint. Aber hat man bedacht, daß weder diese berühmten Massen noch die Individuen die meiste Zeit als Sozialwesen leben, das heißt in diesem perspektivischen, rationalen und panoptischen Raum, in dem sich das Soziale und sein Diskurs reflektieren?

Es gibt Gesellschaften ohne Soziales, so wie es Gesellschaften ohne Schrift gibt. Was nur deshalb absurd erscheint, weil die Begriffe selber absurd sind – aber wenn es keine Gesellschaften mehr gibt, was dann? Gruppen, Völker, Kategorien: Man fällt in dieselbe Terminologie zurück – die Verzerrung zwischen Hypothese und Diskurs ist irreparabel. Wie soll man hier und jetzt beschreiben, was in den »Massen« (die ganz allgemein das Soziale verkörpern sollen) innerhalb oder außerhalb des Sozialen oder ohne jedes Soziale geschieht und was sich auf dieser Ebene zusammenbraut, ohne sich auf andere »Gesellschaften« zu beziehen? Wie soll man diesen Nicht-Sinn, diesen unbenennbaren Rest benennen? Dabei handelt es sich nicht um Anarchie, Asozialität oder Entsozialisierung, sondern um eine tiefe, radikale Indifferenz gegenüber der sozialen *Beziehung* und *Bestimmung* als Code und als *apriorisches* Hegemonialsystem. Es handelt sich nicht um Fehler, Löcher und Unfälle des Sozialen, noch um diejenigen, die ihm aufgrund ihrer Singularität widerstehen (Verrückte, Drogenabhängige oder Homosexuelle) – denn diese letzteren sind in Wirklichkeit Pilotkategorien des Sozialen, die eines Tages ihren festen Platz in einer vollkommen ausgeloteten Sozialität einnehmen werden. Es geht um etwas anderes, das weder ein Rest noch ein Überschuß oder eine Ausnahme ist, sondern etwas ganz Massives, Banales und Undeutliches, das viel mächtiger als das Soziale ist, welches es nicht überschreitet, sondern dessen Gesetze und Prinzipien es schlichtweg nicht kennt. Es handelt sich um etwas, das der repräsentativen Vorstellung entgeht, da das Soziale und das Politische zum Bereich der Repräsentation und des Gesetzes gehören. Was weiß man von dieser massiven, aber nicht passiven Indifferenz, von dieser Herausforderung durch Trägheit inmitten der Manipulation? Was weiß man von dieser Zone, in der das Soziale, das an sich selber Sinn und Bedeutung ist, vielleicht niemals einen Sinn gehabt hat?

Januar-April 1978
Pavane für eine verstorbene Linke [6]

Was bringt Marchais zum Lachen?

30. Januar[7]

Was gibt ihm dieses Siegesbewußtsein, diese phantastische Unverschämtheit, während alle anderen völlig niedergeschlagen sind? Eine solche Freude kann sich nur aus der einzigartigen Überspanntheit ergeben, die einem die Gewißheit der sicheren Niederlage verschafft und die alle Merkmale eines entschlossenen Siegeswillen aufweist. Dabei kann es sich nur um das boshafte Vergnügen handeln, so zu tun, als ob man die Macht ablehnte, obwohl man sie gar nicht will, und sich dieser Ablehnung zu bedienen, um sich eine oppositionelle Position der Stärke zu bewahren. Eine Freude über eine gelungene Manipulation, bei der die Gegner wider ihren Willen zur Verwirklichung der eigenen Ziele beigetragen haben. Eine sarkastische Freude daran, sich in seinem künstlichen Getto zu verbergen, eine negative, aber tiefe Freude, die aus den Niederungen der politischen Gemeinheit kommt, die aus dem radikalen Verzicht

[6] »Pavane«: alter italienischer Reihentanz; vgl. das Musikstück von Ravel *Pavane pour une infante défunte*. (A. d. Ü.)

[7] Nach dem Bruch vom 23. September gibt es immer noch keine Verständigung unter den Linken. Mitterrand und Marchais reden aneinander vorbei. Mitterand will wissen, ob die Kommunisten sich bei den Wahlen im März loyal verhalten werden (das französische Wahlsystem sieht bei jeder Wahl zwei Wahlgänge vor, da die Kandidaten nach dem Mehrheitswahlsystem gewählt werden müssen; wenn also die Kommunisten in einem Wahlkreis von vornherein keine Chance haben, sollen sie ihre Stimmen den Sozialisten geben, damit die Linke sich nicht zersplittert, und natürlich auch umgekehrt), während Marchais die Sozialisten auf die Einhaltung ihres Wahlprogrammes von 1972 festlegen will. Marchais zeigt sich allerdings siegesbewußt und bekräftigt, daß die Kommunisten nach einem Wahlsieg in die Regierung eintreten werden, obwohl er nichts für diesen Sieg tut. (A. d. Ü.)

auf jeglichen politischen Willen und jegliche politische Strategie geboren wurde und die ihre Kraft aus dieser Manipulation auf der Gegenspur bezieht. Das faszinierende Beispiel einer Partei, die alle ihre Energien darauf konzentriert hat, eine potentielle Mehrheit davon abzuhalten, sie an die Macht zu bringen. Die berühmte historische Parole des Proletariats vom »Abschaffen seiner selbst als Klasse«, die niemals verwirklicht worden ist, da der Begriff und die Realität der »Klasse« sich aufgelöst hatten, bevor sie »sich selbst als solche« überschreiten konnte, weshalb auch die Revolution auf den Sankt-Nimmerleins-Tag verschoben wurde, wird nun voll und ganz von der Partei als politischem Apparat realisiert. Von einer Partei, die nur noch im Inneren ihres eigenen Apparates eine Machtposition übernimmt, die nur noch die zur Regulierung des Apparates notwendige minimale, homöopathische Machtdosis absondert und die all ihre Energien darauf richtet, ein Potential zu erhalten und zu verstärken, das niemals zum Einsatz kommen wird. Die Verfeinerung der Mittel führt zur Beseitigung der Zwecke; eine Inflation des Organisatorischen, eine Deflation der Einsätze und des politischen Willens. Eine ökologische Praxis im eigentlichen Sinne. Die P. C. marschiert in Richtung Sparsamkeit, Wirtschaftlichkeit und Selbstversorgung. Unbewußt antwortet sie auf die Frage: Wie soll man ökonomisch mit einer Macht umgehen, von der nichts oder nahezu nichts übrig geblieben ist? Wie kann man sparsam mit einem seltenen Rohstoff umgehen, der gerade am Verschwinden ist? Wie kann man das Politische mit den geringsten Kosten, mit einem Minimum von Investitionen, von Risiken und Verbindlichkeiten zum Funktionieren bringen? Und auf die Spitze getrieben: Wie kann man die Illusion eines politischen Machtwillens hervorrufen, und wie kann man dem politischen Einsatz entgehen, ohne sein Realitätsprinzip zu zerstören? Ein schönes Programm für die künftigen Generationen, die, wie überall, dazu bestimmt sind, die Residuen zu verwalten und die Defizite (die Erschöpfung des Politischen wie auch der Rohstoffe) auszugleichen.

Übrigens prosperiert und rekrutiert die P. C. bereits auf

dieser Basis unter den jungen Leuten. Die P. C. ist eine Auffangstruktur für alle *disoccupati* der Politik. Als Anti-Depressions- und Anti-Melancholiemittel und als Verteiler einer Hormon-Politik ist sie noch ein Leuchtfeuer des Sozialen für all diejenigen, die von der Geschichte noch nicht verdorben worden sind. So wie das Arbeitsamt die professionelle Arbeitslosigkeit verwaltet, verwaltet sie die politische Arbeitslosigkeit. Sie wird also so schnell nicht verschwinden, denn alles deutet darauf hin, daß die Waisenkinder des Politischen in Zukunft immer zahlreicher werden. Sie hat noch eine ganze Ewigkeit vor sich, da sie ihre Kraft aus diesem Attraktivitätsschwund des Politischen bezieht. Sie ist ebenso an diesem Trägheitsmoment und an dieser Neutralisierung des Politischen interessiert wie das Kapital an der Neutralisierung der Produktivkräfte durch das Trägheitsmoment der »Reservearmee« der Arbeitslosigkeit.

*

Die P. C. ist hier auf ganzer Linie erfolgreich. Wer weiß allerdings genau, ob diese Falle, die sie einer ganzen politischen Gesellschaft stellt, nicht versagen wird und ob wir nicht recht hatten, von den März-Wahlen eine plötzliche Wende zu erwarten: einen Sieg der Linken trotz aller verzweifelten Anstrengungen der P. C.? Eine Art von heimlicher Ironie scheint der Linken unausweichlich eine Mehrheit zu verschaffen. Die übergeschichtliche Ironie der Massen bringt die linken Apparate *wider ihren Willen* an die Macht.

Gibt es ein objektives Gesetz (eine Art von Maschine, die mit der Geschichte in Gang gesetzt wird), ein Trägheitsgesetz, das heute zugunsten der Linken ausschlägt, während es sonst immer die Rechte begünstigt hat? Dieses Trägheitsgesetz zeigt sich als ein Gesetz der Involution in Richtung Sozialismus (die Linke gelangt an die Leerstelle des Politischen und gleicht die Leere des Politischen und die wirksame Monotonie des Sozialen und der Verwaltung des Sozialen aus), das gut dazu geeignet ist, die »Verlassenheit des politischen Bereiches« (Hannah Arendt) zu verwalten und an die Macht zu gelangen, um wie gewöhnlich die Verantwortung für die Opfer zu übernehmen (siehe die Erklärungen von Lama und der italienischen C. G. I. L.[8]).

Eine undenkbare Hypothese wäre, daß die P. C. all das *begriffen* hätte und sich ihm gleichzeitig verweigern würde – aber es ist sinnlos zu träumen.

Viel interessanter ist jene Herausforderung an die Linke und insbesondere an die P. C. von seiten der Massen, die sie trotz ihrer Spaltung gewählt haben (wollten sie etwas sehen, so wie man beim Pokern »etwas sehen will«?), ohne sich vielleicht im Grunde etwas davon zu versprechen, sondern um unerbittlich die Versprechungen eingelöst zu sehen, die ihnen seit jeher gemacht worden sind. Eine erstaunliche Kehrtwendung der Basis gegen den schwachen politischen Willen der Apparate: Man muß sie ans Spiel bringen und sie vielleicht in einem unentwirrbaren Durcheinander von historischer Nostalgie und vorweggenommener Desillusionierung über die möglichen Folgen in die Katastrophe treiben. Was auch geschehen mag: Das Szenario der Linken *muß* realisiert werden. Man muß es sehen – wegen des Spektakels, wegen der Ehre, wegen des Prestiges oder um etwas zu lachen zu haben?

Alle gesellschaftlichen »Klassen« sind scharf auf die Linke, auch wenn ihre Ideologie es ihnen verbietet. Neben dem Interesse, das die Rechte daran haben kann, sich von der Macht zu befreien (auch wenn sie nicht bereit zu sein scheint, ihren eigenen Tod mit derselben Intelligenz anzugehen und zu inszenieren wie de Gaulle mit dem Referendum von 1969), wartet alle Welt auf diese Wende, weil sie zur *zwangsläufigen* Kombinatorik der politischen Sphäre gehört. Es handelt sich in der Tat nicht mehr um eine Frage der Wahl: Man muß durchstarten, man muß selbst die Herausforderung der Statistiken (53 %) annehmen: Da die Massen so etwas wie Kanonenfutter für die Meinungsumfragen sind, erlauben sie es nicht, daß die Statistiken lächerlich gemacht werden und ihnen nicht recht geben.

[8] C. G. I. L. ist die Abkürzung für den italienischen Gewerkschaftsbund *Confederazione Generale Italiana del Lavoro*. (A. d. Ü.)

Auch die Linke muß sich der Macht der Massen beugen, die in der willkürlichen Macht der Statistiken besteht.

5. Februar[9]

Aus diesem Grunde starrt auch die P. C. verzweifelt auf die statistische Hürde: um ihren Machtanteil zu bekommen, will sie 25 % der Stimmen haben. Ein surrealistisches Ultimatum – denn an wen richtet es sich? An die anderen Parteien? Wollen diese verhindern, daß sie gewählt wird – aber wie sollte das geschehen? Wird diese Aufforderung an eine anonyme Wählerschaft, an die schweigende Mehrheit gerichtet? »Wenn ihr eine linke Macht wollt, müßt ihr zuerst ein statistisches Wunder vollbringen.« Diese Herausforderung an die Massen besteht darin, daß die Hürde zu hoch angesetzt wird, als daß sie übersprungen werden könnte (tatsächlich wird diese Herausforderung nur von der P. C. und ausschließlich an ihre eigenen »Massen« gerichtet: eine Aufforderung, ihr ungehorsam zu sein und sich woanders hinzubegeben, um sich illegalerweise von anderen repräsentieren zu lassen).

Jedenfalls würde sich die P. C. auch dann zurückziehen, wenn die Hürde überschritten werden sollte, da sie fest entschlossen ist, den Beweis der Macht nicht abzulegen. Alles, was sie will, ist, ihre Mitgliederzahl zu erhöhen, um ihre ideologische Erpressung zu verstärken: Wir sind beraubt worden, man hat uns von der Macht ausgeschlossen! Ihre ideale Position ist die einer Opposition, die ungerechterweise in ihren Rechten beschnitten wird – *die triumphale Position des Ressentiments*. Damit diese Erpressung Erfolg hat, muß die Partei andauernd von der Macht ferngehalten werden. Diese ganz schlichte Gleichung diktiert die gesamte Strategie der P. C. – aber es besteht die Gefahr, daß sie durch eine unvorhergesehene Herausforderung vereitelt

[9] Die Debatte innerhalb der Linken konzentriert sich jetzt auf die Frage der Regierungszusammensetzung nach einem möglichen Wahlsieg. Marchais will darüber aber erst nach dem zweiten Wahlgang verhandeln und setzt seine Angriffe auf die Sozialisten fort. – Umfragen sagen einen hauchdünnen Sieg der Linken voraus. (A. d. Ü.)

wird! Ihr wollt die Macht, bitte, da habt ihr sie! Die Massen zwingen die Apparate zu einem Pyrrhussieg, sie treiben deren angebliche Vernunft auf die Spitze und stürzen somit das ganze Repräsentationssystem in einen selbstmörderischen Ruin.

Alle Parteien und alle politischen Kräfte müssen feststellen, daß sie durch eine überhistorische (transpolitische) Forderung nach Spiel und Spektakel überrundet werden – und zwar nicht von links, das wäre zu einfach; sie werden durch eine provozierende Trägheit überrundet, die keine von ihnen mehr kontrollieren kann!

Die P. C. hoffte, der Macht mit Hilfe von Programmatiken und Über-Programmierung aus dem Weg zu gehen. Und die Massen, die sich kaum um das Programm kümmern, dessen Widersprüche und Feinheiten sie im Grunde nicht verstehen, gehen das Risiko ein, sie trotzdem an die Macht zu bringen. Die Macht *ohne* Programm, obwohl die Parole lautete: Das Programm *gegen* die Macht! Eine einzigartige Verkehrung.

Für die P. S. (Parti Socialiste) ist die Situation kaum weniger heikel. Wenn sie auch an die Macht will, so handelt es sich doch noch um den Idealismus eines Programms. Tausende von Intellektuellen beschäftigen sich voller *realistischer* Illusionen über das Politische mit allen möglichen *Lösungen* für die Zeit nach dem März 78 – von der atomaren Abschreckung bis zu den Verhandlungen in Brüssel über die Übereinkünfte von Lomé und dem Verhalten auf der UNCTAD-Konferenz[10], die noch vor dem Sommer in Genf stattfinden soll. Als Idealisten reinsten Wassers und naiv bis auf die Knochen glauben sie, daß die Macht aus konkreten und mutigen Entscheidungen besteht – und ausgehend von diesem guten programmatischen Glauben fühlen sie sich bereits in der Haut von Allende, das heißt dem Selbstmord geweiht. Mitterand hat schon immer den Kopf eines Selbstmörders gehabt (während Giscard immer nur das vornehme Haupt eines Guillotinierten gehabt hat). Jedenfalls wird auch die P. S. auf dem falschen Fuß erwischt,

[10] United Nations Conference for Trade and Development (A. d. Ü.)

denn sie wird von den Massen nicht wegen eines Programms gewählt, sondern *um sie an der Macht zu sehen*.

Die Fehleinschätzung ist total, und gerade das macht den diskreten Charme dieser Wahlen aus. Die politische Macht im eigentlichen Sinne, die von allen vorhandenen Kräften gemieden wird, welche nur noch Anwender eines Programmes sind, wird von der Macht als Spektakel absorbiert. Das ist die einzige Macht, die heute von den schwankenden und statistischen Massen verteilt wird – denn, machen wir uns keine Illusionen: beim nächsten Wechsel werden sie die Rechte wiederwählen, aber *das ist unwichtig*; sie wollen das Spektakel, Zeichen, und keine Veränderung der Gesellschaft! Sie wollen ein *schönes* Spektakel und kein *gutes* Programm!

Sie wollen nicht »repräsentiert« werden. Sie wollen einer Repräsentation, einer Darbietung, zuschauen. (Sie wollen sich nicht einmal selber »repräsentieren«, die Selbstverwaltung interessiert sie kaum.) Sie haben die Nase voll vom Schicksal der Repräsentation, egal, welche es auch sei. Sie wollen vom Spektakel der Repräsentation profitieren. Alle Repräsentanten bedienen sich der »sozialen Ansprüche der Massen«, um dem Politischen zu entkommen (und sie haben recht: die Gesellschaft läßt sich ausgehend vom Sozialen verwalten; die P. C. hat vollkommen recht, der *politischen* Macht zu mißtrauen – wenn es nicht aufgrund ihrer Laschheit geschähe –, die nicht mehr existiert oder nur noch eine Falle der Repräsentation ist, und der alltäglichen, »kommunalen« Verwaltung des Sozialen zu vertrauen), aber die Massen verstehen das anders: sie ziehen selbst das groteske oder lächerliche Spektakel des Politischen der rationalen Verwaltung des Sozialen vor.

Vielleicht gefällt ihnen das Experiment des Sozialen ganz und gar nicht? Vielleicht ist dieses historische Experiment, das man in ihrem Namen und auf ihrem Rücken begonnen hat, nicht nach ihrem Geschmack? Vielleicht wollen sie nicht für Massen gehalten werden und die historische Verantwortung aufgebürdet bekommen? Vielleicht haben sie die Nase voll vom Realen und Rationalen, vom Konkreten und von »objektiven« Problemen – vor allem von ihren eigenen? Vielleicht wollen sie lieber das barocke Theater vom Ende des Politischen, den absurden Zauber einer politischen Klasse, die sich einem berühmten Ausspruch zufolge »selber abschafft« und sich auf die Straße begibt – wie im Anti-Theater, das den Massen schmeichelt, Straßenfeger in den Elysée-Palast einlädt, sich selber in den Elysée-Palast einlädt und mit der demagogischen Niedertracht wetteifert – vielleicht wollen sie all das lieber als die soziale Experimentiererei, die auf ihrem Rücken vorgenommen wird und die sie nur zu gut kennen?

Die Massen sind nicht blöd genug, um sich die Repräsentation, die Macht oder die Verantwortlichkeit andrehen zu lassen – all diese verfaulten Werte, die seit unvordenklichen Zeiten gebraucht werden und für die sie immer noch die Kosten tragen müssen, als ob sie in sie investiert hätten. Sie sind vollkommen zufrieden damit, diese Werte auf ihre »Repräsentanten« abzuwälzen. Der gleiche Trick wie bei den Frauen. Man glaubt, daß sie beraubt worden sind. Welch ein Scherz! Sie *befreien* sich von der Macht. Wille, Verantwortlichkeit oder Macht sind irgendwie verrückt und gefährlich – und heutzutage lächerlich. So als ob die Götter der Gattung Menschen schicken würden, um sie loszuwerden. Seit der ältesten Mythologie und Geschichte haben die Massen aufgrund einer geheimen Ironie immer wieder die Heroen als Sühneopfer vernichten lassen und das Schauspiel ihres Todes genossen. Heute hat sich nichts geändert; und der seltsame Riß, der auf dem politischen Schachbrett sichtbar geworden ist, weist noch die Spuren dieser burlesken Komödie auf: die Massen verurteilen diejenigen, die die Macht oder das, was davon übriggeblieben ist, nicht mehr wollen. Die schweigende und ironische Wirksamkeit der willkürlichen Mehrheiten: lange hat man mit dem Sozialen an ihnen herumexperimentiert, heute experimentieren sie mit dem Politischen oder dem, was davon übriggeblieben ist, an den Vertretern der politischen Klasse selber herum. Die schweigende Mehrheit, die sich gegen ihre eigenen Verteidiger und wahrscheinlich gegen ihre eigenen Interessen gewendet hat und die sich nun der Linken zuwendet, verfolgt ein dunkles Ziel, das mit Sicherheit weder in der Lebensqualität noch in der Befriedigung ihrer Bedürfnisse oder in ihrem »Recht auf das Soziale« besteht.

»Je mehr eine Frau Frau ist«, sagte Nietzsche, »um so mehr wehrt sie sich gegen jede Art von Recht.« Je mehr die Masse Masse ist, um so mehr widersteht sie jeder Art von Repräsentation. Und lassen wir die schweigenden Mehrheiten ihren Weg gehen . . .

20. Februar

Die Linke wird es letztendlich zweifellos nicht schaffen. Die P. C. wird ihre Kandidaten im zweiten Wahlgang nicht aufgeben. Sie wird mit der Abschreckung und ihrem Willen zum Scheitern bis zum äußersten gehen. Nichts wird ihre Verzögerungs- und Destruktionstaktik aufhalten. Sie wird sich auf jeden Fall gegenüber den Massen und ihrem obskuren (und vielleicht ironischen) Willen durchsetzen, welcher dahingeht, die Linke – diese unauffindbare göttliche Linke – bei der Arbeit und Erprobung zu sehen. Aber das hätte zu einem Kampf auf Leben und Tod zwischen einem Apparat, der den politischen Willen der Massen entschärfen will, und den Massen geführt, die die Apparate zwingen wollen, das politische Spiel zu spielen (aber keine Illusion: diese Apparate haben genug programmatische und bürokratische Mittel, um auch dann, wenn man sie zum Sieg zwingt, alle Risiken der Macht zu vermeiden). Und schließlich wären sie doch durch den letzten verräterischen Trick der Apparate besiegt worden (es wird also keine Ausnahme von der historischen Regel geben, daß die Massen immer verschaukelt werden!).

Eine letzte Variante: es ist möglich, daß die P. C. sich den Forderungen ihrer eigenen Anhänger nur deshalb so sehr widersetzt, weil sie ahnt, daß dieser Wille nur darauf gerichtet ist, sie in die Katastrophe zu treiben. Sie ans Spiel bringen und verlieren lassen – um »zu sehen«, um das Spektakel zu sehen, um die Geschichte auszuschöpfen und um die revolutionäre Hypothek abzutragen, die seit so langer Zeit auf der ganzen Welt lastet, ohne sich aufzulösen, und die sehr bald endgültig überholt sein wird, ohne sich jemals realisiert zu haben. Soll man der schleichenden Neutralisierung des Politischen eine noch gewaltsamere Peripetie, eine Katastrophe oder ein Gottesurteil entgegensetzen? Gegen den langsamen Tod den gewaltsamen Tod?

5. März

Eine neue Episode in der Abschreckungsstrategie der P.C. Nachdem sie berechnet hat, daß ihre Weigerung, im zweiten Wahlgang ihre Kandidaten zurückzuziehen, eine katastrophale psychologische Wirkung haben würde, schlägt sie einen anderen Weg ein, der eigentlich Bestandteil der rechten Propaganda ist: sie macht sich zum kommunistischen Schreckgespenst. Sie macht eine totale Kehrtwendung gegenüber ihren früheren Positionen, die darin bestanden hatten, eine Beteiligung an der Macht abzulehnen, wenn sie nicht 25 % der Stimmen (statistische Erpressung) erhalten würde, und tut jetzt so, als ob sie ihren Anteil an der Macht haben wollte, und zwar einen *proportionalen* Anteil der Ministersessel. Eine völlig unangemessene Forderung; eine Aufschneiderei, die sehr wohl dazu geeignet ist, alle Welt zu erschrecken, die jeder Grundlage entbehrt und deren wirkliche Absicht darin liegt, die Linke zum Scheitern zu bringen. Die Spaltung des Linken Bündnisses hat die Umfrageergebnisse nicht ins Wanken gebracht, diese absolute Waffe blieb der P.C. vorbehalten: eine Wiederbelebung des Anti-Kommunismus, das Bild des Kommunisten mit dem Messer zwischen den Zähnen, das nicht einmal die Rechte mehr im Bewußtsein der Massen hervorrufen konnte. Ganz allmählich bringt sich also die P.C. in die Position der untergehenden Rechten, um sich selbst den Weg zur Macht zu versperren.

Aber was bringt sie dazu, so zu handeln? Welches Mysterium verbirgt sich darin? Woher hat sie diese unerschütterliche Entschlossenheit zur Abschreckung? Welcher böse Wille, welche geheime Strategie treibt sie voran? Danach braucht man nicht zu fragen: Es gibt keinen Willen und keine Strategie – es sei denn die Strategie der revolutionären Abschreckung in alle Richtungen, der Einschränkung auf das eigene Überleben und der Entmutigung aller anderen, die seit zwanzig Jahren die Strategie der UdSSR war (seit Kuba hat die UdSSR auf der ganzen Welt *alle* historischen Revolutionsbewegungen abgewürgt) und seit kurzem auch von China verfolgt wird. In diesem Verzicht auf jegliche Strategie und in diesem Rückzug auf eine entropische Verwaltung der revolutionären Kräfte liegt eine gewisse Logik. Eine Logik der Regression und des Todes.

20. März[11]

Die Linke hat also verloren. Aber die Kommunisten haben Sitze gewonnen. Sie haben ganz offen für den Sieg der Rechten gespielt, um dabei einige Sitze zu gewinnen und um in einen freigewordenen Raum einzudringen, dessen Leere sie selber erzeugt haben.

Im Grunde ist es nicht anders als in Italien. Auch dort kommt die P.C. bei jeder Wende ein bißchen »voran«. Aber wohin? Nicht in Richtung Macht: sie bescheidet sich mit dem technokratischen und verwaltungsmäßigen Trittbrett, das die D. C.[12] ihr zugesteht, ohne irgendeine Gegenleistung zu verlangen. Die P. C. gelangt unweigerlich nicht an die Macht, sie besetzt unweigerlich den Raum, der durch das Zurückweichen und die Entzauberung der politischen Sphäre freigeworden ist. Dieser langsame Fortschritt bedeutet ein Voranschreiten der Banalisierung und Versteppung der bürgerlichen und politischen Gesellschaft. Wir wissen heute nicht mehr, wo das Salz der Erde ist, aber wir wissen, daß die P. C. das größte Verwässerungsunternehmen ist. Schande über sie, die mit einer solchen Energie die zu ihrer Ausdehnung notwendige funktionale Dumm-

[11] Nach den monatelangen Querelen hat die Linke zwar Sitze gewonnen, aber insgesamt doch verloren, obwohl die gegenseitige Unterstützung vor allem im zweiten Wahlgang doch funktioniert hat. Die Rechte erringt 290 Sitze (−10) in der Nationalversammlung und die Linke 201 (+17). Die Kommunisten haben 12 Sitze dazugewonnen. (A. d. Ü.)

[12] D. C. ist die Abkürzung für die *Democrazia cristiana*, die konservative italienische Regierungspartei. (A. d. Ü.)

heit vorangetrieben hat – Schande über sie, die die letzten Reste eines politischen Anspruches vernichtet hat, um die krebshafte Homöostase des Sozialen zu sichern. Ein Prototyp der Blödheit und des grinsenden Todestriebes: die Fratze von Marchais. Ein Gauklergesicht, das von burlesker Demagogie und Erpressung zur Gemeinheit verzerrt wird und das jedermann anscheinend als eine Art von Initiation in die künftige Gesellschaft erduldet und erträgt.

Die P. C. führt zur Glückseligkeit des historischen Kompromisses: Damit die ganze Geschichte sich in einem Kompromiß vollenden kann, ist es in der Tat notwendig, daß das ganze System ohne gewaltsame Umschwünge, langsam, progressiv und mit kalkulierter Verbissenheit zum Nullpunkt tendiert.

Das Ende der Geschichte und des Politischen hätte etwas ganz anderes als ein Kompromiß sein können, es hätte ein gewaltsames und transformierendes Hyper-Ereignis konstituieren können, eine Implosion mit unberechenbaren Folgen. Es gibt Schrumpfungen, Verfallsprozesse und Zusammenbrüche, die buchstäbliche Revolutionen sind. Und diejenigen der großen repräsentativen, politischen und historischen Systeme, insbesondere der Zusammenbruch des Realitätsprinzips und des Prinzips der Sozialität, könnten zu einem ungeahnten Aufruhr führen.

Aber die P. C. ist da, um zu verhindern, daß das System einen gewaltsamen Tod stirbt. Sie ist die metastabilisierende Bremse; sie selber ist der historische Kompromiß – und zwar nicht mit der Rechten (wen interessiert schon die Rechte), sondern mit der Geschichte selber. Man muß es bewerkstelligen, daß die Geschichte nicht einmal mehr ein Ende hat. Genauso wie es die Religion (oder ihre Ersatzgebilde) geschafft hat, ihre Konfrontation mit dem Ereignis des Todes von Gott zu verbergen und seine Konsequenzen in homöopathischen Dosen zu verabreichen.

Die Italiener haben wenigstens gleichzeitig mit dem historischen Kompromiß die Roten Brigaden hervorgebracht. Ein gewaltsames Gegengift zum langsamen Verfaulungsprozeß durch Kompromisse. Was wird dabei herauskommen? Vielleicht ist Italien trotzdem die einzige Gesellschaft, die sich in gewaltsamer, theatralischer, ironischer, hämischer und phantasievoller Weise auflöst. Wir sind davon noch weit entfernt.

Was bringt Althusser zum Schreiben?

Wir fragten uns, was Marchais zum Lachen bringt. Althusser seinerseits fragt sich, was an der Kommunistischen Partei keinen Bestand mehr haben kann.[13] Was keinen Bestand mehr haben kann, ist ganz einfach das, was seit fünfzig Jahren andauert und dessen rituelle Kritik die Annalen der Partei durchzieht. Diese Kritik zielt wie immer auf die Wiederherstellung der Transparenz der Partei, auf ein dialektisches Verhältnis von Basis und Parteispitze (das niemals historisch gewesen ist) und auf eine Dialektik von Theorie und Praxis (die niemals philosophisch gewesen ist). Nichts Neues: Die antistalinistischen Beschwörungsformeln sind noch mystifizierender als der Stalinismus des Apparates.

Diese Ausführungen haben sofort Aufsehen erregt, und alle Welt hat sich darüber wie über ein aufrichtiges Wort gefreut. Alle, bis auf die einzige, die wirklich Grund gehabt hätte, sich darüber zu freuen: die P. C. selber. Denn das einzig Historische an diesem Ereignis ist die erschreckende Komplizenschaft, die den Ankläger Althusser und den Angeklagten P. C. verbindet – und die daraus folgende totale Mystifizierung.

Die Wahrheit ist, daß man die P. C. F. retten muß: das ist der kategorische Imperativ der gesamten politischen Klasse, das heißt der ganzen französischen Gesellschaft. Die P. C. muß als einzige starke Struktur, an die sich die Illusion des Politischen und des Sozialen noch halten kann und die die Möglichkeit bietet, die Massen um diese beiden toten Gestirne gravitieren zu lassen, um jeden Preis gerettet und wiederbelebt werden. Schon seit langem verkörpert sie nicht mehr die Drohung der Machtergreifung und der Unterwanderung der Ordnung; und alle benötigen drin-

[13] Siehe »Le Monde« vom 25., 26., 27. und 29. April 1978

gend diese Idee, dieses Phantasma der Partei (und darin liegt ihre Stärke), weil sonst die ganze politische Ordnung sinnlos werden würde und weil sonst das Soziale (nicht nur die soziale Ordnung, sondern das Soziale an sich) in einer heftigen Desimulation zusammenbrechen würde. Die P. C. ist der letzte Garant für einen politischen und sozialen Einsatz, sei er auch nur simuliert. Deshalb ist ihre Existenz, ihre Glaubwürdigkeit und ihre Legitimität vom einen Ende des politischen Spektrums bis zum anderen tabu.

Die P. C. hat seit den letzten Wahlen gute Arbeit geleistet. Ein weiteres Mal hat sie das Lenkrad der Geschichte in Richtung einer ohnmächtigen und nostalgischen Linksopposition zurückgedreht. Dabei ist sie zwar im Schlamm steckengeblieben, aber sie hat sich die Berufung für einen historischen Machtwechsel erhalten, das heißt, sie hat auf diese Weise *die Fiktion* von linker Macht gerettet, indem sie die Realität der rechten Macht gesichert hat, und sie hat der gesamten politischen Klasse einen zusätzlichen Aufschub von fünf oder zehn Jahren verschafft, bevor diese mit ihrem radikalen Realitätsverlust und dem definitiven Ende des Politischen konfrontiert wird. Den Verhältnissen entsprechend geschieht das gleiche in Italien – dort ist der Staat der Referenzpunkt, der im Verschwinden begriffen ist. Und wer wird ihn entgegen den Interessen aller durch seine wiederbelebende Intervention retten? Die P. C. I., die sogar so weit geht, sich mit ihm zu identifizieren (siehe die köstliche Episode um Aldo Moro: Die P. C. I. setzt sich an die Stelle des entscheidungsunfähigen Staates, um standhaft zu bleiben und den Kopf des Staates zu opfern – darin liegt der diskrete Charme gewisser historischer Situationen). Den Dienst, den die P. C. I. dem italienischen Staat leistet, leistet Althusser in Frankreich der P. C. F.

Diese läuft nach den Wahlen Gefahr, teuer zu bezahlen – und zwar nicht so sehr wegen des bedeutenden Dienstes, den sie der Rechten geleistet hat (jeder Kompromiß innerhalb der politischen Klasse, sei es auf der linken oder der rechten Seite, ist ohne große Bedeutung), als aufgrund ihres politischen Verrates ganz allgemein. Denn wirklich ernst ist die Entzauberung des Politischen, der Vorgeschmack des Todes und die Abschreckung vor jedem politischen Einsatz, jedem Spektakel und jedem Setzen auf die Zukunft. Was das großmäulige und prahlerische Gesicht von Marchais kaschierte, war dieses deutliche Erkalten der Geschichte und die tiefgehende Enttäuschung auch der Militanten, die Abtrennung des Imaginären, um besser über das Reale herrschen zu können, diese Selbstkasteiung. Wenn die P. C. auf Kosten einer gemeinsamen Niederlage nur die P. S. hätte schlagen wollen, so wäre das immerhin noch irgendeine *politische* Strategie gewesen . . ., aber es würde der P. C. zu viel Ehre machen, ihr eine Strategie des Scheiterns oder des politischen Schachspiels zuzuschreiben. Das würde ihre wirkliche Leistung in ein falsches Licht stellen: denn neben den Sozialisten bringt die P. C. *jede Strategie* und den Gang der Geschichte zum Scheitern. Deshalb ist sie zu einer beispiellosen Kraft der Abschrekkung und Enttäuschung geworden, und alles, was sie anzubieten hat, ist eine *Moral,* eine *Domestiken*-Moral: das Mobiliar retten, die Apparate retten, den Staat und die Institutionen retten. Vor allem keine Strategie, Strategie ist gefährlich: ein *Programm*. Keine Prophetie und kein Abenteuer: auf dem Scheitern der Prophetie beruht die Dauerhaftigkeit der Institutionen. Und man muß anerkennen, daß jede politische Niederlage zu einer Eintrittswelle in die Partei führt – was das logische Denken immer wieder aufs neue verblüfft. Aber die Militanz beruht gerade auf diesem Typus von enttäuschter Besetzung. Frustiert über das Fehlen eines Sieges, einer Parusie oder Parodie des großen Finales, kann man eine Praxis langfristig *mit einer verbitterten Resignation* besetzen, die um so verbitterter ist, als sie bereits ein neues Scheitern verspricht. »In fünf Jahren werden wir es schaffen!« Wenn das Reich Gottes von dieser Welt wäre, gäbe es bekanntlich keine Kirche.

Die P.C. tut also gut daran, wie eine Katze um den heißen Brei unendlich um die Macht herumzuschleichen, ohne sie ergreifen zu wollen. Denn sie lebt nur von einer *aufgeschobenen Revolution*. Jedes Scheitern der Revolution, jede (knapp) verpaßte Gelegenheit bestärkt sie langfristig in ihrem Dasein, in ihrer Erwartung und in ihrer

Institution. Sie liebt die Wahlen, und sie vertraut darauf, daß die schweigende Mehrheit und die Rechte ihr den Sieg und die Risiken der Macht ersparen. Gerade unter 50 % ist die ideale Situation für sie. Denn das ermöglicht es ihr, weder auf einen Machtwechsel (dabei würde sie von der P. S. überrollt werden) noch auf die Revolution zu setzen (dabei würde sie von der Geschichte überrollt werden). Es ermöglicht ihr, sich in der Linken in Reserve zu halten, sich in der Republik, in der Geschichte und für die Revolution in Reserve zu halten. Dieses Getto, in dem sie sich einschließt und über das sie sich scheinbar beklagt, ist das einzige – künstliche – Milieu, in dem sie überleben kann. Hier kann sie ihre große, stille Kraft entfalten, ihre Berufung zum Verwalter im Schatten der Macht, ihre Berufung zur oppositionellen schweigenden Mehrheit.

Das ist die *Wahrheit* der P. C., die unausweichliche Wahrheit der Kommunistischen Partei. Und nicht nur die ihres Apparates, sondern die Wahrheit des Apparates *und der Militanten* zusammen. Die ganze Institution von der Basis bis zur Spitze ist operational eingestellt. Und deshalb zeugt es von äußerster Scheinheiligkeit, wenn Althusser ein weiteres Mal den Militanten vom Apparat abtrennt, um den einen gegenüber dem anderen zu idealisieren. Was erlaubt ihm diese Unterscheidung zu machen, wenn nicht seine alte philosophische Moral und die Absicht, der Partei auf dem Rücken der Militanten Tugend und Jungfräulichkeit wiederzuverschaffen, indem er diese Militanten als *Dissidenten des Apparates* revidiert und korrigiert? Eine bewundernswerte Treuherzigkeit, den Militanten gleichzeitig zu erklären, daß sie das Salz der Partei seien, aber daß sie seit fünfzig Jahren zu nichts anderem fähig gewesen wären, als sich vom Apparat bestechen, manipulieren, betrügen und vergewaltigen zu lassen! Das bedeutet, sie mangelnden historischen Verständnisses und unheilbarer Dummheit anzuklagen – und sie noch falscher einzuschätzen als der Apparat selber.

Marchais hat gegenüber Althusser vollkommen recht: Es ist wahr, daß die Militanten zum größten Teil zufrieden sind und daß die Partei, *so wie sie ist*, ihnen gibt, was sie wünschen. Sonst würden sie nicht in der Partei bleiben. Oder sie wären völlig blöd. Man kommt aus folgendem Dilemma nicht heraus, Althusser wird aus ihm nicht herauskommen: entweder gibt es eine tatsächliche Geringschätzung hinter der idealistischen Vision, oder man muß seine ganze Analyse eines angeblichen Komplottes der Spitze gegen die Basis, des angeblichen Machtmißbrauches und der Irreführung durch den Apparat aufgeben, der immer wieder *das Wesen* der Partei wirklich regenerieren will. Dieses Problem geht übrigens weit über die Partei hinaus und betrifft die ganze gegenwärtige Gesellschaftsanalyse: wenn die Massen nur Vieh sind, das gnadenlos ewig von einer angeblichen Macht ausgebeutet und manipuliert wird, welche sie widerstandslos instrumentalisiert, muß man dann überhaupt noch analysieren, was es mit der »Passivität« der Massen und ihrer angeblichen Manipulation auf sich hat? Die ganze Analyse Althussers basiert auf dieser Ideologie der (immer erträumten und immer enttäuschten) umgekehrten Transparenz des Militanten.

Seine ganze Argumentation läuft darauf hinaus:
– den Militanten dem Apparat gegenüberzustellen;
– die Partei dem gegenüberzustellen, was sie sein sollte;
– die Partei ihrer eigenen Politik gegenüberzustellen.

Kurz gesagt, sich niemals mit der Partei abfinden, so wie sie ist. Sie durch eine »dialektische« Negativität wiederbeleben, die von woanders kommt (aus der Theorie, aus der Praxis »von unten«, etc.). Welche Naivität liegt in seinem »theoretischen Anspruch« gegenüber einer Partei, die ihrerseits seit langem diese alte Trennung von Theorie und Praxis in der *zirkulären Logik* von Basis und Führung beseitigt hat. Keine Dialektik: eine Zirkularität, die mit der Zirkularität der Massenkommunikation identisch ist. Ein kaltes Universum, ohne dialektische Hitze, aber die Partei hat schon lange begriffen, daß Dialektik eine Speise ist, die kalt gegessen wird. In regelmäßigen Abständen gibt es nur noch das Bedürfnis nach einer hormonalen Reinjektion an »Demokratie«, an »kritischem Geist«, an »Antistalinismus«, also nach einer *homöopathischen Organverpflanzung*. Keine Dialektik, sondern Homöopathie. Darin bestand schon immer die Arbeit von Generationen von Oppositionellen, früher Sartre, heute Althusser: die Fiktion der Partei wieder zu neuem Leben erwecken, indem man zum tausendsten Mal die stalinistische Pathologie der Partei erstellt. Dabei vergessen sie jede grundlegende Analyse einer grundlegenden Situation: nämlich das Verschwinden nicht nur des Proletariats und seiner Diktatur, sondern auch des *Politischen selber* und von jeder Strategie, das Verschwinden nicht nur des Klassenkampfes, sondern auch des *Sozialen selber* und der Partei in ihrer *sozialen* Definition. Was repräsentiert die Partei noch? Weder das Proletariat noch den Klassenkampf oder gar ein wirkliches Kräfteverhältnis; sie verkörpert nur noch das Soziale in seiner blassesten Definition, das flottierende Soziale unserer heutigen Zeit. Da sie in ihren Grundfesten und in ihrer historischen Definition vom Flottieren des Sozialen betroffen ist, ist die Partei nur noch eine schwache Definitionsmaschine, die allerdings über eine Rundumverwaltung verfügt; sie ist nicht mehr metallurgisch und bürokratisch nach dem Vorbild einer Fabrik organisiert, wie es für die stalinistische Ära charakteristisch war, sondern sie ist schwammig und opportunistisch, hat eine variable Geometrie und marschiert eher Richtung Manipulation und Recycling als in Richtung Hierarchie und Dirigismus, eher in Richtung Abschreckung als in Richtung ideologischer Gleichschaltung und Disziplinierung.

Die antistalinistische Kritik der Partei ist also nur ein mystifizierender Scheinangriff. Stalinismus, das ist ein eiskaltes Ungeheuer für kleine Kinder. Aber der Stalinismus ist nirgendwo ein wesentliches Problem, und es ist nicht einmal wahr, daß die Partei stalinistisch – allerdings auch nicht »demokratisch« – ist. Sie ist von nun an etwas anderes, auch sie flottiert referenzlos und strategielos herum (während der Stalinismus immer einen Referenzpunkt und eine starke Strategie voraussetzt): eine Struktur, die sich in einer Evolution oder Involution befindet oder die am Verschwinden ist – die interessanten Veränderungen, die sich hier der Analyse anbieten (Was ist eine »Militantenöffentlichkeit«? Was ist das »Markenzeichen der Partei«?), werden vollkommen durch die traditionelle Sichtweise in stalinistischen Begriffen verschleiert.

Dieselbe Verdummungstaktik findet sich bei den Neophilosophen und ihrer Vision vom Gulag; und auch wenn sich Althusser von unseren Meister-Dissidenten unterscheiden mag, er liefert uns das gleiche regressive Analyseschema: Neo-Humanismus gegenüber einem rückwärtsgewandten Totalitarismus, Reaktivierung einer alten Vorstellung vom Staat und von seinen Gewalten, die noch von einer panoptischen Konzeption des politischen Raumes ausgeht (Überwachungsstaat und Gulag-Staat). Dagegen aber Recycling der Freiheit, des Rechtes, der Verantwortlichkeit, der Autonomie, des Dissidententums . . . Das ist genau das Szenario der Scheinoffensive Althussers gegen die Partei. Das ewige Hirngespinst vom großen manipulierenden Subjekt, vom Staat, vom Apparat oder von der Macht und vom kleinen unterdrückten Objekt, das ganz groß werden soll: die Gesellschaft der Bürger, der Militante, der Dissident. Die ewige Polarität des Stalinismus, der sich zur Analyse einen so gemütlichen Raum entwirft. Ewig das von der Nostalgie des Politischen und der Staatsmacht beherrschte und gefangene Denken, wobei der Staat seine Glaubwürdigkeit nur durch den Autoritarismusvorwurf, den man ihm macht, bekommt. Der wahre Stalinismus liegt in diesem »kritischen« Denken, das um jeden Preis an den Stalinismus seines Gegners glauben will – und ihn somit im Moment seines Niedergangs wiederbelebt.

Alles, was zur Entstalinisierung, zur Autonomie, zur Dissidenz und zur Transparenz aufruft, gehört zu derselben Ordnung analytischer Debilität. Und alles geht so vor sich, als ob die französische Gesellschaft Althusser damit beauftragt hätte, die ganze Enttäuschung in die Richtung dieser traditionellen und verstaubten Problematik zu kanalisieren: die P. C. mit dem Deckmantel eines gefälligen Stalinismus schützen – wobei die »radikale« Kritik immer nur eine ideologische Unterstützung war, eine dialektische Organverpflanzung auf dem organlosen Körper der Partei!

Die P. C., die den Wahrheitsbeweis der Macht meidet, sieht sich normalerweise zur Legitimation ihrer eigenen

Macht gezwungen. Was bleibt von einem Apparat übrig, der nicht die Macht ergreifen will? Die wichtigste Frage, die sich ihm stellt, geht nicht um seine Strategie und seine Fehler (das wäre noch ein Ablenkungsmanöver), sondern um seine *Daseinsberechtigung*. Welchen Sinn kann eine Partei haben, die sich von ihrer eigenen historischen Zweckbestimmung abwendet? »Sie ist zu gar nichts mehr nütze«, sagt Rocard pragmatisch. Es ist noch schlimmer: Sie hat ihre eigene Existenz disqualifiziert; es besteht die Gefahr, daß sie sich niemals von diesem nicht erbrachten Wahrheitsbeweis, von dieser Herausforderung, auf die sie nicht zu antworten wußte, erholen wird. Und hier spreche ich als Militanter, der ich zwar nicht bin, aber dessen persönliche Verzweiflung ich verstehe – und zwar nicht so sehr auf der Ebene des politischen Scheiterns als auf der Ebene symbolischer Demütigung.

Gott sei Dank werden die Militanten gegenüber ihrem eigenen Apparat dem Beispiel folgen, das die Partei ihnen gegeben hat, diesem großen beherzten Beispiel, auf eine Machtergreifung zu verzichten und in einer lammfrommen, versöhnlichen und konstruktiven Opposition zu verharren; sie wissen um das ruhige Glück des Opfers und daß man sich vor jeder revolutionären Veränderung hüten muß; sie haben festgestellt, daß sich die Partei durch Involution und Niederlagen bei der ganzen französischen Gesellschaft Respekt verschaffen konnte, und sie wollen diese schöne Abschreckungsarchitektur nicht in Frage stellen. Darüber hinaus bieten der Apparat und die Partei heute in Frankreich als einzige eine richtige *disziplinierte Auffangsstruktur*, in der es möglich ist, sich – was immer auch kommen mag – den Entscheidungen des Apparates unterzuordnen. Was für eine außergewöhnliche Sicherheit (die Armee ist weniger sicher)!

Die Parteilinie mag eine variable Geometrie haben, sie ist immer noch eine Linie. Es ist bewundernswert, daß in einer Welt, wo alles am Flottieren ist, wo jeder seinen eigenen Wünschen überlassen wird und wo jeder in dem Moment, in dem der Wille als Referenzpunkt im Abgrund versinkt, der Qual ausgesetzt wird, zu tun und zu denken, was er will – es ist bewundernswert, daß in dieser Welt immerhin diese Diktatur der Linie Bestand hat, die mit all der Sicherheit, die sie verschafft, genausoviel wert ist wie die Diktatur des freien Ausdrucks, die man uns ansonsten aufdrängen will. Die P. C. ist die schönste Schutz- und Therapie-Institution der westlichen Welt, wir sollten sie nicht im Namen eines geschwätzigen Reformismus und eines selbstkritischen Konformismus verteufeln. Muß man nach der Diktatur des Proletariats auch auf die Diktatur der Partei verzichten? Seitdem man weiß, daß die Freiheit der Meinungsäußerung und des Begehrens die moderne und weltweite Form der Überwachung und des Schweigens ist, weist nichts darauf hin, daß das ein objektiver Fortschritt wäre. Darf ich es hier noch einmal wagen, im Namen des Militanten von der Basis zu sprechen? Wenn ich militant wäre, könnte ich mit einer Partei, die für den Modernismus, für alle Scherze der Geschichte und sogar für meine eigene Kritik anfällig wäre, nichts anfangen. Da ich nicht militant bin, kann ich noch weniger mit einer »kritischen«, erneuerten und in den Farben der freien Meinungsäußerung und des Begehrens umgewandelten Partei anfangen – ich will, daß die Partei mit ihrer radikalen Machtlosigkeit und mit ihrem Tod konfrontiert wird.

II

Der Gnadenstand

September 1981[1]
Die Ekstase des Sozialismus

> »Eine peinigende Vorstellung: daß von einem bestimmten Zeitpunkte ab die Geschichte nicht mehr wirklich war. Ohne es zu merken, hätte die Menschheit insgesamt die Wirklichkeit plötzlich verlassen; alles, was seither geschehen sei, wäre gar nicht wahr; wir könnten es aber nicht merken. Unsere Aufgabe sei es nun, diesen Punkt zu finden, und solange wir ihn nicht hätten, müßten wir in der jetzigen Zerstörung verharren.« CANETTI

Gehen wir von der Hypothese aus, daß wir uns heute in Frankreich in einer ekstatischen Form des Sozialismus befinden.

Man braucht sich nur die düstere Ekstase der Visage von Mitterand anzuschauen.

Die Ekstase charakterisiert den Übergang einer inhaltsleeren und leidenschaftslosen Form in einen Zustand der Reinheit, in ihre reine Form. Ekstase ist das Gegenteil von Leidenschaft.

In diesem Sinne kann man auch von einer Ekstase des Staates sprechen. Leidenschaftslos, körperlos, bestimmungslos, aber allmächtig in seiner Transparenz gelangt der Staat zu seiner ekstatischen und somit auch transpolitischen Form. Zwar glaubt niemand an diesen Staat, aber gleichzeitig gibt es gegenüber dieser einzigartigen, verschwundenen oder aus politischer Sicht gerade verschwindenden Gestalt eine Art von völliger Aufopferung, von totalem Rückgriff oder von universeller Inanspruchnahme.

Das gleiche gilt für den Sozialismus; und sein Gnadenstand, sein Paradies auf Erden, wäre folgendes: die über-

1 Mitterand hat im April/Mai 1981 die Präsidentschaftswahlen gewonnen, und die Linke hat bei den Wahlen zur Nationalversammlung im Juni endlich die Mehrheit errungen. (A. d. Ü.)

triebene Anpassung an ein Modell, das in der Zwischenzeit seine Wahrheit verloren hat.

Die Linke hat die Rechte weder durch einen Umbruch zu Fall gebracht, noch hat sie die Rechte in einem gesellschaftlichen Wechsel abgelöst. Die Art und Weise des Auftretens dieser Linken ist ebenso eigenartig wie das Verschwinden der Rechten. Letztere ist ganz einfach weggewischt worden, wie etwas, das schon seit langem nicht mehr existiert hat. Das war schon vorherzusehen. Aber auch die Linke existiert schon seit langem nicht mehr. Was sie aber nicht daran gehindert hat, wie durch ein Wunder ganz plötzlich in Erscheinung zu treten und als grundlegende Berufung der französischen Gesellschaft, als ewiges Erbe (das man übrigens sofort mit allen möglichen Gedächtnisfeiern geheiligt hat: Pantheon, Mont Valerien, etc.) wiederaufzuerstehen. Die Machtergreifung der Linken war somit so etwas wie die Krönung des Jahres des nationalen Erbes.

*

Es handelt sich also eigentlich weder um eine Revolution noch um eine historische Wende, sondern um eine Art von posthistorischer Spätgeburt (man hätte schon fast an eine endgültige Abtreibung glauben können), um die eigenartige Geburt eines verheimlichten Kindes, das das Kapital hinter dem Rücken der französischen Gesellschaft gezeugt hat. Da keimt etwas, brütet vor sich hin, explodiert und überwältigt plötzlich alles. Genauso wie im Film *Alien*. Die Linke ist das Monstrum *Alien*. Und das Ereignis in seiner Gesamtheit erweist sich als ein gigantischer (übrigens sehr gelungener) Spezialeffekt, als eine kurze Ekstase im Verlauf der traurigen Geschichte unseres Volkes.

Ich würde gern glauben, all dieses wäre das Ergebnis eines langen sozialen und politischen Kampfes von Arbeitern, Gewerkschaften, linken Parteien, unzähligen Willensanstrengungen und individuellen Initiativen gewesen – aber das scheint mir keineswegs sicher zu sein.

Ich glaube auch nicht, daß die Leute sich über den politischen Gehalt der Wahlen irgendwelche Illusionen gemacht haben. Aber sie haben die Wahlen auf ihre Weise benutzt – sozusagen als Filmmaterial: Sie haben aus dem Medium der Wahlen einen Spezialeffekt gemacht, sie haben mal auf die Linke gesetzt und ihr mit einem Schlag alle Chancen gegeben. »Wir haben gewonnen!« Aber Vorsicht, dieses spektakuläre Vertrauen ist eine Form von Herausforderung: Man »leistet sich« die Linke im wahrsten Sinne des Wortes. Die Repräsentanten des Volkes denken darüber sehr naiv: Sie halten ihre Wahl für ein Zeichen der Zustimmung und für einen allgemeinen Konsens; sie kommen niemals auf den Gedanken, daß es nichts Doppeldeutigeres gibt, als jemanden an die Macht zu bringen, und daß das unterhaltsamste Schauspiel für das Volk immer das Scheitern einer politischen Klasse gewesen ist. Irgendwo in den Tiefen des berühmten *Volksempfindens* bleibt die Politikerklasse immer der Hauptfeind – ganz gleich, um welche es sich gerade handelt. Zumindest sollte man das hoffen.

Und ich glaube auch nicht, daß dieses elektorale *acting-out* für die Mehrheit der Leute eine bestimmte Projektion ihrer Hoffnungen zur Folge hatte, ein Bekenntnis zum Sozialismus als Ausdruck ihres Repräsentationswillens. Ich meine, daß eher die ästhetische und moralische Phantasie angesprochen worden ist, während dieses Ereignis für alles übrige, für die historische und politische Phantasie, völlig folgenlos ist. Was zählt, ist die Ekstase. Es ändert sich etwas, es wird sich etwas ändern! Man glaubt daran nicht im Sinne einer historischen Finalität oder Überschreitung, sondern man bringt diesem Ereignis jenes bereitwillige Interesse, jene gutgläubige Neugier und jenes lebhafte und neugierige Vertrauen entgegen, das man bestimmten Innovationen und Veränderungen, wie zum Beispiel der Mode, entgegenbringt. Und ich meine das nicht nur einfach so oder metaphorisch. Ich glaube, daß man mit diesem politisch geschlechtslosen Sozialismus, mit diesem ekstatischen und entsexualisierten Sozialismus buchstäblich in die Ära des Konfektions-Glaubens eintritt, so wie die Mode in die Ära der Konfektions-Kleidung eingetreten ist (auch die Mode ist ekstatisch und transsexuell).

*

Das Auftreten des Sozialismus als *Modell* ist etwas völlig anderes als sein historisches Ereignis. Als Ereignis, als Mythos oder als Kraft des gesellschaftlichen Umbruchs hat der Sozialismus sozusagen nicht genügend Zeit, sich selber ähnlich zu werden und als Modell zu erstarken, er hat nicht genügend Zeit, sich mit der Gesellschaft zu verbinden – in diesem Sinne bildet er keinen stabilen Staat und hat übrigens immer nur kurze historische Auftritte gehabt. Wenn der Sozialismus sich heute als stabiles und glaubwürdiges Modell darstellt, handelt es sich nicht mehr um einen revolutionären Anspruch, sondern um eine Simulation der Veränderung (Simulation im Sinne der Entwicklung des bestmöglichen Szenarios) und eine Simulation der Zukunft. Keine Überraschung, keine Gewalt, keine Übertreibung und keine wirkliche Leidenschaft. Das Modell dient wie jedes Modell dazu, sich in der totalen Ähnlichkeit zu sich selber zu realisieren; es dient dazu, sich zu hyperrealisieren. Deshalb sage ich, daß es ekstatisch ist: Das Hyperreale ist die Ekstase des Realen, das in der Ähnlichkeit zu sich selber erstarrt ist; es hat das Imaginäre gestrichen und ist in seinem Modell erstarrt (auch wenn es sich dabei um ein Modell der Veränderung handelt).

All das dient dazu, um die Frage zu stellen, von der für uns alle der augenblickliche Einsatz und sogar die Möglichkeit zum Verständnis dessen, um was es sich dabei handelt, abhängt: Kommt es mit diesem Sozialismus zur Wiederauferstehung des Politischen und der politischen Szene? Wird es zu einer Verlangsamung des transpolitischen Prozesses der Verflüchtigung von Zeit und Geschichte in eine Veränderung kommen, die sich als allgemeiner Abschreckungsprozeß von politischen und sozialen Einsätzen, als Verschwinden des Realen und als ekstatisches Aufleuchten aller möglichen Modelle darstellt, so daß der Staat als ekstatisches Modell der Verwirklichung der Gesellschaft, der Terror als ekstatisches Modell der Verwirklichung der Gewalt, etc. erscheint?

Ich werde diese Frage nicht beantworten, denn das ist der blinde Punkt, von dem Canetti spricht, an dem die gesamte Menschheit die Realität verlassen hat, ohne es zu bemerken. Mit diesem Punkt haben wir uns grundsätzlich auseinanderzusetzen, das heißt mit der Realität oder Irrealität dieser Geschichte. Dort spielt sich alles ab, und unglücklicherweise hat es den Anschein, als ob dieser Punkt außerhalb der Reichweite des kritischen Denkens liegt. Darin liegt das entscheidende Dilemma. Wenn es nicht irgendeine wunderbare Umkehr der Geschichte gibt, bei der Fleisch und Blut für irgendein soziales Projekt oder für die Realität als solche aufs Spiel gesetzt werden, müssen wir, wie Canetti sagt, in der gegenwärtigen Zerstörung verharren.

Die Verklärung der kritischen Werte der Theorie im Sozialismus ist ein Bestandteil dieser Ekstase. Diese in Ekstase versetzten Werte beobachten uns nun ironisch von den Höhen der Macht aus.

Die theoretischen Begriffe bieten allerdings niemals eine reale Alternative – darüber sollte man sich nicht täuschen. In ihrer radikalsten Anwendung bringen sie die Realität ins Wanken, sind sie eine Herausforderung für das Reale. Und das müssen sie auch bleiben, sonst wenden sie sich gegen euch in Form von Werturteilen, Prinzipien und insbesondere in Form des Realitätsprinzips, in das sie eigentlich eine Bresche schlagen sollen.

Die Metapher muß Metapher bleiben, und der Begriff muß Begriff bleiben. Um so schlimmer für die Intellektuellen.

Schließlich erleben wir aber doch eine Verklärung der sozialistischen Alternative und eine Materialisierung des ganzen begrifflichen Wertesystems im Zeichen der politischen Macht (Fortschritt, Geschichtsmoral, Rationalität des Politischen, schöpferische Phantasie und *last but not least*: ein Tugendbegriff, der von der machthabenden Intelligenz verklärt wird – kurz, das ganze platonische Ideal, das die Grundlage der Intellektuellenklasse bildet, auch wenn sie es kritisiert).

Das Jahr 68 hatte sich darin nicht täuschen lassen – 68 hat *nicht* die Phantasie an die Macht gebracht, sondern sich mit einer fröhlichen Verklärung des Imaginären und mit einem fröhlichen Selbstmord zufriedengegeben, was in der

Geschichte die ritterlichste Form von Erfolg darstellt. 68 hat den poetischen Anspruch des Sozialen hervortreten lassen, die Umkehr der Realität und des Begehrens, und nicht ihre tugendhafte Versöhnung im Übergang zur sozialistischen Tat. 68 ist glücklicherweise eine Metapher der Gewalt geblieben, ohne jemals Realität zu werden. Heute ist das Imaginäre von den irrealen Mauern von Nanterre in die Schubladen des Ministers herabgestiegen. Und das prägt insgeheim die ganze Situation der Intellektuellen.

Wie soll die Erfüllung des Versprechens vor sich gehen? Wie soll der Anspruch der Idee an die Realität durchgesetzt werden? Wie soll der Übergang vom Wort zum Recht auf das Wort bewerkstelligt werden? Wie sollen all die illegalen Metaphern legalisiert werden? Und wie soll die realistische Illusion vom Sozialen realisiert werden? Selbst aus politischer Sicht gibt es hier einen grundsätzlichen Widerspruch. Denn diese Absicht, die Gesellschaftsentwicklung mit ihrem bewußten und kohärenten Entwurf zu vereinen und das immer trügerische Versprechen des Politischen (welches nur dann eine richtige Wirkung hat, wenn es trügerisch ist – Mandeville) zu realisieren, ist tödlich und totlangweilig. Das ist der Widerspruch des Sozialismus selber.

Aber das ist eine andere Geschichte. Jedenfalls wird die Macht heute denjenigen überlassen (und das gilt nicht nur für die Sozialisten), die explizit auf ihre Ausübung verzichtet haben, die überhaupt nichts Politisches mehr an sich haben, die offen erklären, daß sie von der Doppeldeutigkeit und Immoralität des Diskurses (was ja gerade die Triebfeder des weltlichen Strebens ausmacht, wie Machiavelli und die Jesuiten übereinstimmend feststellen) nichts verstehen, und statt dessen der Transparenz der Idee treu bleiben. Was also können die Intellektuellen tun, denen die Transparenz der Idee ein Glaubensbekenntnis ist? Wenn das Soziale gutwillig zu funktionieren beginnt, was bleibt dann anderes übrig, um sich wirklich politisch zu verhalten, als böswillig zu funktionieren?

*

»Der Staat wacht über den Traum. Die Realität nimmt Gestalt an.«

F. RÉGIS BASTIDE

Die neue Macht versteht sich kulturell und intellektuell. Sie will keine zynische Macht alter Art mehr sein, sondern eine Inkarnation von Werten. Da sie ihr politisches Wesen verraten hat, will sie, daß die Intellektuellen ihrerseits das ihrige verraten und auf die Seite des versöhnenden Begriffs übertreten. So wie sie die Duplizität des Politischen aufgegeben haben, sollen sie die Duplizität des Begriffs aufgeben und sich auf die Seite des Realen ziehen lassen, hin zu einer diskreten Heiligsprechung ihrer Hoffnungen, zu einer bruchlosen Versöhnung von Realem und Rationalem oder von Realem und Imaginärem. Das ist der Vertrag, den uns eine Macht anbietet, die keine mehr ist – dieser Gipfel der Demokratie, diese heuchlerische Tugendmacht –, und wir sind ihr in die Falle gegangen. Denn der Intellektuelle ist leider immer viel zu jungfräulich, um sich zum Komplizen der Unterdrückung des Lasters zu machen. Er ist ebensowenig auf der Höhe einer zynischen, das heißt unmoralischen und doppeldeutigen Praxis des Denkens, wie die Politiker auf der Höhe der Macht sind.

In Wirklichkeit sollten wir uns nicht allzu viele Sorgen machen, denn dieser Sozialismus ist nur das Simulakrum einer Alternative. Er ist kein Ereignis, sondern nur die posthume Materialisierung einer vergangenen Ideologie. Er ist eine Form, die weder von einem Mythos noch von einer Geschichte ergriffen wird – ohne Illusion über seine Kraft zur Schaffung neuer Grundlagen stellt er sich einfach als glaubwürdig dar, ohne Illusion über die ihn tragende politische Leidenschaft präsentiert er sich als Pathos, als moralisches und historisches Artefakt. Gegen dieses fromme Trugbild des Sozialismus, das nach vielem Scheitern endlich am Gestade der Macht gestrandet ist, gegen dieses Phantom der Moral können wir ebensowenig tun, wie wir gegen das substanzlose Phantom der Macht von Giscard etwas Entscheidendes verrichten konnten – auch der Revolutionsgedanke war eine Macht gegenüber dem Kapital und wurde dann vom Phantom des Kapitals vernichtet.

*

Die simulierte Ordnung nimmt uns jede Möglichkeit zur Ablehnung, der simulierte Sozialismus nimmt uns jede Möglichkeit zur Partizipation. Denn wir haben die von ihm simulierten Werte (Fortschritt, Profit und Produktion – Aufklärung, Geschichte und Rationalität) zwar analysiert und auf ihr Streben nach *Realität* reduziert, aber wir haben sie nicht als Simulakren abgeschafft, als Gespenster aus zweiter Hand, denn als solche können sie nicht zerschlagen werden, da sie transparent und substanzlos sind. Und dieses sozialistische Gespenst aus zweiter Hand schreckt heute ganz Europa. Früher sind wir zwischen den Phantomen des Kapitals umhergeirrt, heute irren wir im posthumen Modell des Sozialismus herum. Die Hyperrealität all dessen wird daran kein bißchen ändern, in gewissem Sinne ist sie bereits seit langem zu unserer vertrauten Umgebung geworden. Wir leiden an politischer Leukämie, und diese wachsende Gleichgültigkeit (wir werden von der Macht durchdrungen, ohne daß sie uns berührt, wir durchdringen die Macht und kriegen sie auch nicht zu fassen) entspricht voll und ganz dem modernsten Typus von Pathologie; also keine objektive biologische Infektion, sondern die zunehmende Unfähigkeit des Organismus zur Produktion von Antikörpern (oder sogar, wie bei der multiplen Sklerose, die Möglichkeit der Antikörper, sich gegen den Organismus selber zu wenden).

Somit ist der Sozialismus an der Macht nur eine späte Phase der planmäßigen Entzauberung dieser Gesellschaft. Dennoch gibt es dabei etwas, was uns ein bißchen überrascht. Denn es geschieht zum ersten Mal, daß das kollektive kulturelle Pathos, also das, was in den Trümmern jener Gesellschaft, die von der heilsamen ideologischen Katastrophe des Mai 1968 beiseite gefegt worden ist, an politischer und moralischer Utopie übrig geblieben ist, auf diese Weise ins Rampenlicht gestoßen wird, um dort als Phantom operationalisiert zu werden. Wir alle haben in den letzten zwanzig Jahren den Aufstieg der Ökonomie zu einer gigantischen Referenzprothese erlebt, das heißt zum Bildträger jeder kollektiven Willensregung, der in seiner angeblichen Objektivität unangreifbar ist. Davon ausgehend, wurden nicht nur die Tatsachen beurteilt, sondern auch Werturteile und politische Entscheidungen gefällt (zwar spielt sich alles auf der Ebene der Simulation von ökonomischer Rationalität ab, von der niemand mehr irgend etwas versteht, aber was macht das schon? Die Fiktion der Rechtsprechung der Ökonomie kann allmächtig werden – sie wird zur wirklichen kollektiven Konvention). Jetzt schlägt man uns eine andere kollektive Konvention vor: Moral und Kultur werden als Prothese der Regierung materialisiert. Die Sozial-Prothese und die Kultur-Prothese (»Ihre Ideen interessieren uns«, »Ihre Wünsche interessieren uns«, »Ihre Kreativität interessiert uns« – der Bankier der Banque Nationale de Paris war noch offener: »Ihr Geld interessiert uns«, und die Leute der Dritten Welt noch brutaler: »Eure Mülleimer interessieren uns«), nach zuviel objektiver Organisation und Verwaltung, die die Leute zur Gleichgültigkeit trieb, die Wiedererfindung einer sozialen Subjektivität, einer sozialen Affektivität, die sich auf ihre Toten stützt (Pantheon) und die die Ruinen des historischen Imaginären durchforstet, um die Marionette eines kollektiven Willens zu synthetisieren.

*

Und an diesem Punkt sitzen wir Intellektuellen in der Falle. Solange es sich noch um Ökonomie, Programmatik und um die Entzauberung einer liberalen Gesellschaft handelte, konnten wir unser Innerstes für uns behalten und – reich an unendlichen geistigen und politischen Reserven – als Hüter einer kleinen kritischen und philosophischen Flamme das Versprechen einer stillschweigenden Wirksamkeit der Theorie nähren (und übrigens ist die Theorie sehr gut damit gefahren; sie wird zweifellos weder die offensive und gefeierte Qualität noch die großartige Sinekure, die sie die letzten zwanzig Jahre genossen hat, jemals wiederfinden).

*

Die vitalen Kräfte waren dort, wo sie waren, gut aufgehoben, das heißt irgendwo im anderen Frankreich, diesseits der Macht, im Schatten der Zukunft. Welch Irrtum, welche Gefahr, diese vitalen Kräfte ins Geschäft zu bringen! Es gibt nichts Schlimmeres als die Absorption der Kraft der Theorie durch eine Institution. Ich meine, gerade die Utopie der Begriffe, mit denen wir eine Situation analysiert haben, die nicht die unsere war und die wir in ihre imaginären Komponenten zerlegt haben – gerade diese Utopie wendet sich jetzt gegen uns, und zwar in Form eines realen Werturteils, als Rechtsprechung, die intellektuell mit unseren eigenen Waffen gerüstet ist, und in Form dieses Phantoms des kollektiven Willens (und sei es auch der Wille unserer eigenen Klasse), der selbst noch in der Simulation die Macht zu unserer Vernichtung bewahrt. Wir Wächter über die feine Differenz zwischen den Zeichen und der Realität werden durch die Inszenierung ihrer Versöhnung in die Enge getrieben und paralysiert.

*

Das ist so wie bei einem chemischen Niederschlag, der die Kristalle erstarren läßt oder der eine ungelöste Flüssigkeit unwiderruflich auflöst.

*

Wir haben keine Feinde mehr. Da sie an der Macht sind, sind die (subjektiv) Besten auch die (objektiv) Schlimmsten. Pragmatisch gesehen befinden auch wir uns, da jede Pragmatik paradox ist (dem können wir nicht entgehen), in einer Art von *double bind*, in einem unlösbaren Dilemma (und nicht in einem historischen Widerspruch). Denn wir sind gezwungen, real an einem irrealen Ereignis aus zweiter

Hand teilzunehmen, als ob es sich um ein reales Ereignis aus erster Hand handeln würde. Selten sind die Ereignisse, die im richtigen Augenblick geschehen – einige kommen zu früh, andere kommen zu spät und sind nur die Wiederholung einer gescheiterten historischen Wende. *Simulatio post mortem*. Es gibt zu frühe und zu späte Fehlgeburten. Der Sozialismus ist eine solche Fehlgeburt. Der Machtantritt dieses Sozialismus geschieht nicht aus Begeisterung, sondern aus Unlust (immerhin), nicht durch einen historischen Bruch, sondern aufgrund einer Erschöpfung der Geschichte (die durch die Rückwärtsgewandtheit des »wahren Frankreich«[2] übermittelt wird), dieser Machtantritt eines historischen Modells, das inzwischen seine Wahrheit verloren hat, gehört zwar zur Ordnung des Recycling und der Simulation, aber es verlangt, daß wir so tun, *als ob* es sich um die ursprüngliche Version handeln würde. (Es handelt sich nicht darum, zu behaupten, daß die Akteure dieses sozialistischen Psychodramas Fälscher oder Betrogene seien – ihre Integrität, ihre Begeisterung (zumindest einiger von ihnen) wird nicht in Frage gestellt. Es geht leider um etwas viel Schlimmeres: Was fraglich ist, ist die Integrität, die Originalität der historischen Tat selber.) Wir werden also auch unsererseits gezwungen, zu simulieren und so zu tun, als ob der unwiderstehliche Fortschritt der Geschichte uns dorthin geführt hätte und als ob all das aufgrund einer eigenartigen formalen Analogie mit der Hoffnung nach einer Veränderung des Lebens im Einklang stände. (Der alte Rimbaud-Slogan ist sozialistisch geworden – freut euch, heute ändern wir das Leben – wie wunderbar! Ständig der Absturz der Metapher in die Realität.)

[2] »Der Ausdruck ›La France profonde‹ (hier: ›das wahre Frankreich‹) geht auf die historisch bedingte Unterscheidung zwischen Staat und Gesellschaft zurück ... Er wird immer wieder zur Legitimation eingesetzt: zur Rechtfertigung einer Forderung, die vom (fortschrittlichen) Staat nicht erfüllt wird, aber der ›Wahrheit‹ der ›France profonde‹ entspreche. Beispiel: Die ›France profonde‹ ist für die Todesstrafe, welche Mitterand abgeschafft hat. Baudrillard verwendet den Begriff ironisch.« (Anmerkung von Altwegg und Schmidt in: Baudrillard, *Laßt euch nicht verführen!*, Bln 1983, S. 122) (A. d. Ü.)

Dieses Dilemma, in dem wir uns befinden, ist noch nicht alles. Es gibt noch etwas anderes zu kritisieren, auch wenn das sehr schwerfällt, das den Grundirrtum jedes sozialistischen Entwurfes betrifft, mögen seine Absichten auch noch so rein sein – so sind sie doch nicht weniger naiv. Ich beziehe mich auf Mandeville und seine *Bienenfabel*, in der er zeigt (für das 17. Jahrhundert, werden manche sagen, die Französische Revolution hat all das geändert – aber ich glaube nicht daran), daß weder die Moralität noch das positive Wertsystem einer Gesellschaft diese verändert und voranschreiten läßt, sondern ihre Immoralität und ihre Laster, ihr Ungehorsam gegenüber ihren eigenen Werten. Das Geheimnis des Politischen liegt in gewisser Weise in dieser strukturellen Duplizität der Funktionsweise von Gesellschaften, die etwas ganz anderes ist als die psychologische Duplizität der Menschen, die an der Macht sind. Diese Duplizität macht aus dem sozialen Prozeß in seinem innersten Wesen ein *Spiel*, bei dem die Gesellschaft zu einem großen Teil ihre eigene Gesellschaftlichkeit zerstört und nur dank der Flexibilität des Scheins, dank der Gleichgültigkeit und der unmoralischen Strategie (die zweifellos kollektiv, aber nicht sichtbar und vereinbart, sondern an sich verwirrend ist) gegenüber ihren eigenen Werten überlebt.

*

Dem völlig entgegengesetzt ist die Überzeugung der Sozialisten (und deshalb behaupte ich, daß sie den Sinn für das Politische verloren haben) und auch jeder Soziologie, daß jede Gesellschaft virtuell sozial ist, das heißt solidarisch mit ihren eigenen Werten und im Einklang mit ihrem kollektiven Entwurf. Das Problem liegt also darin, die Gesellschaft mit ihrem eigenen Entwurf zu versöhnen und das zu »sozialisieren«, was nur darauf wartet. Jede Duplizität und jede Strategie des Scheins muß auf der Ebene der Werte vernichtet werden. Maximierung der sozialen Beziehung, Verstärkung der kollektiven Verantwortlichkeit (und natürlich auch der Kontrolle), Durchsichtigkeit der Strukturen und Funktionsprozesse und Vergötterung der öffentlichen Moral und der Kultur: der sozialistische Traum, außer sich vor lauter Transparenz, triefend von Naivität. Denn welche Gruppe hat jemals so funktioniert, und vor allem: welche Gruppe hat jemals davon geträumt? Es ist glücklicherweise wahrscheinlich, daß es niemals einen sozialen Entwurf, der dieses Namens würdig wäre, gegeben hat, daß keine Gruppe sich im Grunde jemals *in ihrer Idealvorstellung als sozial begriffen hat*, kurz, daß es niemals weder den Schatten (außer in den Köpfen der Intellektuellen) noch den Embryo eines kollektiven Subjektes mit begrenzter Verantwortlichkeit oder auch nur die Möglichkeit einer solchen Zielsetzung gegeben hat. Gesellschaften, die ihre Energien dafür einsetzen und sich diesem moralischen Traum der Sozialisierung hingeben, sind von vornherein verloren. Darin liegt der fundamentale Widerspruch der Sozialisten. Glücklicherweise werden sie immer scheitern und von selber verschwinden. Das Soziale wird nicht stattfinden.

September 1983
Die göttliche Linke

Es gibt nur eine Art und Weise, dem symbolischen Referendum der Regierung unter den Intellektuellen, das die Zeitungen in den Ferien beschäftigt hat, ein Ende zu machen: Man muß die Situation umdrehen. Man muß die Frage, die die Politiker den Intellektuellen gestellt haben, an diese zurückgeben. Die Politikerklasse hatte sie gefragt: Wo bleibt eure Tugend, euer Bewußtsein und eure Energie? Aber sie sollten diese Frage stellen (und natürlich alle; aber die Massen stellen keine Fragen, ihr Schweigen datiert nicht erst seit den Ferien oder seit dem Sozialismus). Die Intellektuellen sollten den Politikern, der politischen Klasse, dieselbe Frage stellen: Wo bleibt eure Tugend, euer Bewußtsein und eure politische Energie?

Es ist richtig, daß der Sozialismus zur Korruption, zur Auflösung der intellektuellen Position beiträgt, da er sich als Aufhebung jeden Widerspruchs, als verwirklichte Utopie, als Wiedervereinigung von Theorie und Praxis, als Heil und Segen präsentiert. Das ist das Ende des verfemten Teils, das ist das Ende der Intellektuellen (sie dürfen allerdings weiterarbeiten!). Ich meine, daß es keine dem Intellektuellen eigene Leidenschaft mehr gibt. Denn es genügt nicht, von ihm zu verlangen, ein kritisches Bewußtsein seiner Zeit oder ein Garant der Moral zu sein – all das muß aus einer eigenen Leidenschaft hervorgehen: bei Gide war es die Aufrichtigkeit, bei Sartre die Klarheit, bei den Situationisten und anderen die Radikalität – seitdem ist Schluß, es gibt keine polit-intellektuelle Tugend mehr. Danach kommt die Ironie, die Faszination einer Welt, die von aleatorischen Prozessen und mikroskopischen Vorgängen beherrscht wird – die Transhistorie, deren Durchquerung ebenso gefährlich wie die eines Minenfeldes ist.

Wir werden nie mehr die – selbst gezinkte – Aufrichtigkeit eines Gide haben, nie mehr die – sei es inoffensive –

Luzidität eines Sartre, nie mehr die – sogar nur scheinbare – Radikalität der Situationisten oder des Mai 68. Aber die Politiker werden auch nie mehr wieder die Leidenschaften der Ideologien noch die politische Energie einer tatsächlichen Strategie haben und schon gar nicht mehr die Radikalität der Revolutionäre (über diesen Punkt sind sich unsere heutigen Führer im klaren, aber das ist das einzige, was sie durchschauen). Ich glaube nicht einmal, daß sie noch die Illusion haben, wirklich irgend etwas zu repräsentieren oder irgend etwas anderes zu sein als die Chefkonservatoren des »wahren Frankreich«. In der Tat, sie regieren eine Maschine, die nicht mehr antwortet. Nicht die Intellektuellen verstummen, sondern die Maschine antwortet nicht mehr. Und weder die Intellektuellen noch die Politikerklasse, der diese Situation über den Kopf gewachsen ist, sind dafür verantwortlich.

Man müßte also zweifellos einen Abriß über die Auflösung der Intellektuellenklasse schreiben, aber gleichzeitig auch einen Abriß über die Entartung der Politikerklasse.

Die Sozialisten haben also völlig unbedacht die Macht ergriffen und wollen davon ausgehend ihr Gesellschaftsbild durchsetzen. Sie glauben, daß ihr Machtantritt eine verdiente Belohnung und eine logische Folge der geschichtlichen Entwicklung ist. Sie sehen nicht, daß sie einen Raum besetzen, der durch den Rückfluß der historischen und politischen Leidenschaften freigeworden ist, den virtuellen Raum eines Endes der Geschichte, mit dem sie sich begnügen, um ihn so gut wie möglich zu verwalten – ein rotes oder vielmehr rosa Schlußlicht. Sie vergessen, daß sie in den Jahren 1960/70 in einer ganz anderen Ausgangssituation beiseite gefegt worden sind. Der Sinnverlust, das Ende der Geschichte, die Agonie des Politischen, die Transparenz und Indetermination des Sozialen selber, die Macht der Simulation, die Omnipräsenz und Obszönität der Medien – all das führte zu einer gewissen intellektuellen und theoretischen Verflüssigung dieser Jahre 1960/70, die wahrhaftig eine Art von Gnadenstand waren. All das hat zu 68 beigetragen, und wir sollten nicht vergessen, daß 68 den Machtantritt des Sozialismus um zehn Jahre verzögert hat. Diese unwägbare und in ihrem vollen Umfang nicht analysierbare, aber neue und radikale Situation ist noch nicht zu Ende, ebensowenig wie die verheerende Zerstörung bestimmter fundamentaler Begriffe. Die Sozialisten haben daraus keine Lehre der hohen Schule der Politik gezogen, sondern eine Lehre der Verwaltung und der Moral, der Wiedergutmachung der durch den Kapitalismus angerichteten Schäden und der Rehabilitierung einer erlahmten Sozialgeschichte. Um wieder an ihren alten Prinzipien anzuknüpfen, haben sie sich auf die Reformen von 1936 oder vom Ende des letzten Krieges besonnen; sie klammern sich an eine Geschichte (die ihrige und die ihrer Reformen), die nicht stattgefunden hat und die nicht mehr stattfinden konnte, da ihnen die Immoralität der neuen Situation völlig fremd ist. Man muß zu ihrer Entlastung sagen, daß diese Situation zweifellos objektiv unregierbar ist und daß es kein Prinzip des Regierens mehr gibt – sondern gerade entsprechend dem Stand der Dinge die Notwendigkeit einer neuen Immoralität und nicht einer neuen Moral. In dieser Welt der Simulation und der brutalen Desimulation (der Terrorismus) und der Information muß man offen und anders spielen, anstatt die alten Strategien des Ausgleichs und der Kontrolle zu kultivieren. Das Verhältnis der Macht zu den Medien und zur Information zeugt von dieser Unmöglichkeit einer eigenen Strategie und von dieser frommen Fehleinschätzung der Dinge.

Das gleiche gilt für das Fernsehen. Die politische Macht glaubt naiv, daß das Fernsehen und die anderen Medien dazu da sind, um Botschaften zu übermitteln, darunter auch die ihre, politische. Daraus ergibt sich die hoffnungslose und banale Strategie der Kontrolle, die oft karikaturhafte Züge hat (die Länge der Wortbeiträge, etc.). Das Fernsehen hat sich unserer in ganz anderer Weise bemächtigt: Die Macht selber ist televisionell geworden. Und zwar nicht in dem Sinne, daß sie das Fernsehen als Werbemittel benutzen würde (das ist banal und funktioniert im Grunde auch nicht besonders gut), sondern in dem Sinne, daß das Fernsehen, wie McLuhan sagt, ein schwaches Definitionsmedium ist, das heißt ein Bild, das wenig Bedeutung ausstrahlt und somit den Fernsehzuschauer zwingt, das Bild irgendwie zu ergänzen, die Leere zwischen dem Bild und der Botschaft aufzufüllen und sich vor allem um die Decodierung der Wahrnehmung zu kümmern. Genauso funktioniert heute die Macht: Das politische Regime ist nur eine Art von Raster, ein Bildschirm mit minimaler Definitionskraft, der ebenso entintensiviert ist wie das Fernsehen und gerade aufgrund seiner Konturenschwäche funktioniert. Die Macht wird nicht durch Entscheidungen, Willenskraft oder Tatkraft ausgeübt, sondern durch Aufstachelung und Beeinflussung (das heißt durch Induktion, die keineswegs mit Seduktion, also Verführung, zu verwechseln ist!), die sie aufgrund ihrer eigenen Unbestimmtheit praktiziert. Es ist wie beim Fernsehbild: Man muß einfach mitspielen und dem Bild auf taktile Weise entgegenkommen, um dessen Leere mit sensoriellen Termen zu füllen. Mit Hilfe der Sozialterminologie von Animation, Kreativität oder Partizipation wird man zu dieser Art von reflexhafter und sensorieller Mitwirkung gebracht. Paradoxerweise ist dieses Regime so konturenschwach, daß man nicht einmal mehr Abstand von ihm gewinnen kann – es ist wiederum wie beim Fernsehbild: Es hat nur eine sehr schwache Prägnanz, aber gleichzeitig verhindert es jeden kritischen Blick. Gerade durch seine Bedeutungslosigkeit und Transparenz vereitelt es jede Beurteilungsmöglichkeit.

Das ist das Strategem, das Strategem ohne Strategen, dem wir ausgesetzt sind und von dem die Macht umklammert wird. Darin besteht das auf die politische Ebene gehobene Strategem der sozialen oder sensoriellen Partizipation von Regimen, die den Anspruch auf einen politischen Willen im Grunde aufgegeben haben, von Regimen mit einem flachen Enzephalogramm, die weniger eine Energie ausstrahlen, sondern eher ein Absorptionsbildschirm sind. Sie versuchen nicht, euren Willen zu beeinflussen (dazu müßten sie selber einen haben), sie versuchen, euch emotional zu vereinnahmen und eine gute Stimmung zu schaffen: Ihr nehmt am Sozialismus wie an einem Videospiel oder an einem Fernsehspiel teil.

Es gibt heute eine viel größere Toleranz der Macht gegenüber der bürgerlichen Gesellschaft und ebenso eine viel größere Toleranz der bürgerlichen Gesellschaft gegenüber der Macht. Das ist gleichermaßen ein Resultat der Entlastung von Verantwortung und der Übertragung von Souveränität auf den Bereich der Medien und der Information. Zugunsten eines gespenstischen geheimen Einverständnisses haben sich beide Pole des politischen Universums wechselseitig ihrer Macht enthoben. Beziehungsweise, um die Widersprüche zu entschärfen, hat die Macht keine andere Strategie gefunden, als auf die Verkörperung der Macht zu verzichten, womit sie andererseits erreicht, daß die bürgerliche Gesellschaft aufhört, eine Macht zu sein, und sich nicht mehr als virtuell souverän begreift. Die gesellschaftlichen Widersprüche entschärfen, um das Soziale oder die Idee des Sozialen auf den Plan zu bringen – darin besteht das etwas närrische Vorhaben einer Macht, die keine Macht mehr sein kann, nachdem sie so lange davon geträumt hat. Als ob das Soziale (falls es das überhaupt gibt) nicht bereits vollkommen in seiner Ambiguität vorhanden wäre; und als ob die Macht glaubte, diese Ambiguität beseitigen zu können, wenn sie sich selbst aus dem Verkehr zieht!

Man sieht unter diesen Bedingungen, wie unsinnig es ist, das politische Bewußtsein der Massen anzusprechen oder von den Intellektuellen ein Engagement zu verlangen, das ihrem Bewußtsein entspricht (oder sich, wie viele, über das Paradox zu beschweren, daß ihr Engagement umgekehrt proportional zu ihrem Bewußtsein ist!). All diese Fragen haben vielleicht einen Sinn gehabt, solange es sich noch um eine bestimmte politische Macht handelte, der gegenüber man noch eine bestimmte Distanz- oder Zustimmungshaltung einnehmen konnte. Das ist heute nicht mehr der Fall, wo die Falle der Indetermination, der Simulation und des Werte- und Referenzenverlustes gleichzeitig über dem praktischen Feld der Geschichte und dem theoretischen Feld der Analyse zugeschnappt.

Man könnte meinen, daß das Ereignis des Sozialismus mit einem erneuten Aufleben der Geschichte und einem Wiedererstarken der kollektiven Leidenschaften einhergehen müßte. Andererseits hat es ganz den Anschein, daß dieses Ereignis uns von all dem befreit und nur die Quittung der Geschichte ist – die Quittung für die Liquidierung der Geschichte und vor allem der Revolution. Deutlicher als Louis Mermaz kann man es nicht mehr sagen: »Die Revolution steht in Frankreich nicht mehr auf der Tagesordnung.« Es sei hier erlaubt, aus seiner Grabrede zu zitieren: »Ein Land wie Frankreich lebt heute in einer festen Tradition, in der Tradition der Französischen Revolution. Das ist eine Tatsache. Eine Revolution steht in Frankreich nicht auf der Tagesordnung, weil die Große Revolution bereits stattgefunden hat. Seit beinahe zweihundert Jahren ist sie ein Beispiel für alle Revolutionen auf der ganzen Welt gewesen. In Frankreich gibt es keine revolutionäre Situation, und wir schämen uns nicht (!) zu sagen, daß wir reformistisch vorgehen und uns auf eine republikanische Tradition stützen. Wir wollen ökonomische und soziale Strukturreformen durchführen, aber auf dem Wege der Wahlen, auf parlamentarischem Wege. Wir akzeptieren diesen Wechsel und glauben, daß das, was wir tun, unvermeidlich ist – nicht etwa, weil wir das so sagen, sondern weil es der Entwicklung der Sitten und der Gesellschaft entspricht... Bei einer Revolution gibt es immer zwei Aspekte: Die nicht akzeptierbare Entfesselung von Leidenschaften, Gewalttaten und unreinen (!) Trieben und das Resultat der Revolution selber. Eine Revolution ist niemals ein Wert an sich. Gegen eine solche Anschauung muß man sich unbedingt verwahren... Unsere ganze Arbeit im heutigen Frankreich soll also dahin gehen, daß es keine Revolution gibt. Ich sage es klar und deutlich: Wir sind keine Revolutionäre, denn die Situation ist nicht revolutionär.«

Das ist wirklich sehr deutlich: Die Revolution als Tatsache, das ist das Ende der Geschichte. Das Ereignis hat stattgefunden, ist beendet. Und der Sozialismus stützt sich auf dieses Ende der Geschichte. Und er wird alles tun, wie er klar und deutlich sagt, daß ein solches Ereignis niemals mehr stattfindet. Deshalb ist er so scharf auf Gedächtnisfeiern und so wenig auf neue Ereignisse versessen. Aber selbst dabei sind sie nicht konsequent: sie, die sich von Anfang an auf die

Kultur und das kulturelle Erbe berufen haben, werden es nicht einmal schaffen, dieser Revolution von 1789 in einer Ausstellung zu gedenken. Das Zurückweichen vor dieser Herausforderung von 89 ist eine historische Resignation, das heißt eine Resignation am Ende der Geschichte. Der Sozialismus schafft es nicht nur nicht, eine neue Geschichte, eine wirkliche Geschichte hervorzubringen (alles was er macht, steht unter dem Zeichen der Rehabilitierung und der Restauration Frankreichs, als wäre es ein gefährdetes Kunstwerk), sondern es gelingt ihm nicht einmal, ihre symbolische Reproduktion zu sichern. Wenn das Regime unter fadenscheinigen ökonomischen Vorwänden oder aus politischer Schwäche selbst auf diese Form des Eingedenkens verzichtet, so bestätigt es selber das Ende der Geschichte und seine Unfähigkeit, diese auch nur symbolisch fortzusetzen. Aber vielleicht ist es auch gefährlich, sich zum Erben der Leute von 1789 aufschwingen zu wollen, denn diese haben sich trotz ökonomischer Konjunktur und Krisen niemals gefragt, ob es besser sei, Revolution zu machen oder nicht – während man es heute nicht einmal schafft, eine Ausstellung zu machen? (Bereits der Danton von Wajda hat manch einem den kalten Schweiß herunterlaufen lassen.)

Noch allgemeiner muß man sich fragen, ob das einzige Ergebnis des Sozialismus darin besteht, eine Gesellschaft zu begünstigen, in der es keine Spur von Gegengesellschaft mehr gibt, oder ob er selbst das Resultat einer Geschichte ist, aus der nach und nach jeder Entwurf von Gegengesellschaft, das heißt jeder Entwurf einer *anderen* Gesellschaft oder jede Vorstellung von etwas anderem als dem Sozialen verschwindet?

Erste Hypothese: Ja, der Sozialismus kommt paradoxerweise an die Macht, wenn alle Energien zur Überschreitung, alle gesellschaftlichen Energien für einen Umschwung und alle alternativen kulturellen Energien mehr oder weniger erschöpft sind – und er trägt die Stigmata dieser Erschöpfung und profitiert davon. Nicht etwa, weil er die Rechte besiegt hat, kann er sich widerstandslos etablieren, sondern weil der ganze vor ihm liegende Raum durch das Zurückweichen der lebendigen Kräfte freigeworden ist. Das letzte große Aufbäumen der Gegengesellschaft im Mai 68 hat seinen Machtantritt um zehn Jahre verzögert. Bis dahin ist er ein schwaches Ferment von Ungehorsam, Auflehnung, Verweigerung, Ironie, Ablehnung oder radikalen (sogar irrwitzigen) Ansprüchen geblieben – aber kein Sozialismus. Nicht die transparente, beschränkte und verstaubte Rechte bringt zum Scheitern, was die Linke uns »serviert«, wie man so sagt (in Wirklichkeit ist sie selber bereits »abserviert«), sondern jener andere viel radikalere und viel eigensinnigere »böse« Geist[3], der in den siebziger Jahren abgestorben ist. (Deshalb erscheint der Sozialismus als Wiedervereinigung des Sozialen in den liberalen und protestantischen Ländern des Nordens viel früher als ein normales Regime und als ein der Entwicklung einer modernen Gesellschaft angemessenes Verwaltungssystem als in den südlichen Ländern, wo die ästhetische, kulturelle und ironische Form und die Vorstellung von Subversion, Revolte und Spiel viel lebendiger geblieben ist – Italien bleibt das beste Beispiel für diesen »aufgeschobenen« Sozialismus.)

Nach all diesen Niederlagen, Fehlleistungen und Aufschüben, die sich aus einer noch zu gewaltsamen und lebendigen Geschichte ergaben, haben wir nun endlich den Sozialismus; getragen von den Ereignissen (vom Ende der »Ereignisse«) und im mit seiner Geschichte (mit dem Ende seiner Geschichte) wiedervereinigten Frankreich erreicht er uns nicht als politische Ouvertüre einer neuen Ära, sondern als Moral, das heißt als sittliche Haltung des »wahren Frankreich« und als rückwirkende Absolution unserer ganzen Geschichte.

Die niedergeschlagenen Revolutionen, die Übergriffe der Institutionen, aber auch die dunklen Stunden, die eine -

[3] Über den »bösen« Geist *(le malin genie)* bemerkt Baudrillard in einem Interview: »(Er) ist nicht so sehr ›böse‹ – ›malin‹ ist schlau, listig, teuflisch, pervers, nicht ›böse‹ im moralischen Sinne des Wortes. Auch ist das Wort ›Katastrophe‹ nicht im apokalyptischen, nicht im pessimistischen Sinn zu verstehen.« (J. Baudrillard, *Fraktales Subjekt, fatale Strategien*, in: SPUREN Nr. 13, Hamburg Sept./Okt. 1985, S. 38ff.) Vergl. auch: Baudrillard, *Die fatalen Strategien*, München 1985. (A. d. Ü.)

reaktionäre Rechte, die dem Lauf der Geschichte unbedingt eine andere Wendung geben wollte, dem »wahren Frankreich« verschafft hat – all das ist durch das *happy end* vom 10. Mai aufgelöst, freigesprochen, beglichen und quittiert worden. Nichts davon war umsonst, da es uns ja schließlich doch hierher gebracht hat. Alles wird gut für den, der zu warten versteht.

Gerade darin liegt das Manko des Sozialismus: Er präsentiert sich als Belohnung für all die, die auf das Reifen der Frucht der Geschichte warten konnten (aber die Früchte fallen erst, wenn sie überreif sind). Infolgedessen trägt der heutige Sozialismus alle Stigmata des Abwartens, der verlorenen Zeit, der Abnutzung und des *liftings* einer Geschichte, die zu ihrer Zeit hätte stattfinden sollen (1956? 1946? 1936?). Verstaatlichungen, Todesstrafe, staatliche Schulen . . . alte Hüte einer alten Linken, die oft in die Niederlage gesteuert ist und wie ein Wal mit all den Algen der alten Fahrten bedeckt ist.

Aber es gibt noch etwas anderes, und das schließt an die erste Hypothese an. Der Sozialismus setzt nicht nur dem Sozialen als einem gewaltsamen Mythos und jeder historischen Spannung ein Ende, sondern er billigt auch die Abschwächung aller Energien und Weltanschauungen, die nicht das Soziale betreffen. Jedes andere kollektive Geschick als das einer verschwommenen Moral der Partizipation und der Aufteilung der erworbenen Güter, der Animation und der Solidarität verschwindet. Das Soziale in der schwächsten Bedeutung des Wortes wird zur endgültigen Ideologie der Gesellschaft. Nichts daran kann irgendwelche Leidenschaften wecken.

Die Idee eines verfemten ausgestoßenen Teils, was immer das sein mag, verschwindet in der Versöhnung. Die Idee einer Ästhetik der Welt verschwindet. Die Vorstellung eines Antagonismus, einer Ambiguität, einer Reversibilität, die Vorstellung von etwas Willkürlichem, einer Ironie, einer unvermeidlichen Grausamkeit in der Ordnung der Dinge und der Charaktere, der Gedanke an jede andere kollektive Leidenschaft verschwindet in der faden und homöostatischen Ausgewogenheit des Diskurses über die gesellschaftliche Veränderung. Alles läuft auf die Erfindung oder, besser gesagt, auf das Wiederkäuen des Sozialen hinaus, das heißt nicht auf diesen oder jenen Gesellschaftstyp, sondern auf das Prinzip des Sozialen selber, das allerdings kein Prinzip des Gesellschaftsvertrages ist, sondern eine Art von Zusammenschaltung (interface), eine permanente Interaktion, ein Prinzip von Anschluß und Kontakt: Eine Kontaktgesellschaft und keine Kontraktgesellschaft. Daher auch die Nutzlosigkeit aller Appelle an die traditionellen Tugenden, wie zum Beispiel an die Solidarität. Denn was bedeutet Solidarität in einem solchen System, wenn nicht ein Zusammentreffen im Bereich der Netze oder ein Echo auf die Impulse der Medien? Es handelt sich nicht mehr um die Solidarität, die überall auf der Delegierung eines Teiles der Souveränität beruhte, sondern um eine Solidarität, die die Leute mit Hilfe von statischer Energie in einem saturierten Milieu erstarren läßt.

Der gesamte sozialistische Diskurs will uns überzeugen, daß wir ein Bedürfnis nach dem sozialen Band, nach Anschluß, Kontakt und Kommunikation haben. Der Einsatz ist gewaltig: Video, Telematik[4] etc. Das Drama ist nur, daß die Leute nicht wirklich davon überzeugt sind, daß sie danach ein Bedürfnis haben, und daß sie zweifellos je weniger davon überzeugt sein werden, je mehr es den Anschein hat, sie wären davon überzeugt (Konsens durch Kapillarität).

Der ganze Diskurs über das Soziale dreht sich heute um sich selbst, denn er sagt einfach: Die Solidarität ersetzt euch alles übrige. Sie ist die Mühe am Start und der Lohn am Ziel. Der Gewinn besteht vollkommen im gezahlten Preis. Wenn man es recht bedenkt, ist die einzige Wohltat, die man vom Sozialen und dem dafür gezahlten Preis erwarten kann, eben genau die Sozialität, Solidarität und nichts anderes. Auch von der Mühe sagt man, die Mühe ist ihr eigener Lohn. Aber niemand legt besonderen Wert auf ein solches Angebot.

Und dennoch soll das Soziale im geistigen Code jedes

[4] »Telematik« bezeichnet im Französischen die Verbindung von Telekommunikationsmitteln mit der Informatik. (A. d. Ü.)

der Moleküle dieses eigenartigen Körpers, den man Gesellschaft nennt, voll und ganz realisiert, akzeptiert, verinnerlicht und gespiegelt werden. Man denke nur an jene Schäfer in den Pyrenäen, denen man Faseroptik, Kurzwellensender und Kabelfernsehen angedreht hat. Dabei ging es nicht nur um Absatzmärkte, sondern um einen sozialen Einsatz: Das Soziale, sein Nutzen und sein Gebrauchswert für alle mußte bewiesen werden; es mußte bewiesen werden, daß die Leute ein Bedürfnis danach haben, ohne es zu wissen! Diese Leute da unten haben geglaubt, unter sich, mit ihren Nachbarn, ihren Tieren und ihren Geschichtchen leben zu können? Eine skandalöse Illusion von Unterentwickelten, von in *socius* und *habitus* Zurückgebliebenen, eine barbarische Vereinsamung, in der sie sich befanden und in der sie sich nicht ausdrücken konnten! In ungeheuerlicher Weise wird ihnen die gute Substanz der Information und des Sozialen vorenthalten. Notfalls muß man sie dazu zwingen, informiert zu werden; sie werden lebendig informatisiert, sie werden zu Versuchskaninchen, zu neuen Geiseln: Das ist eine neue Art von Terror, nicht der von »1984« (auch wenn der von Orwell nicht wirklich gebannt ist), sondern der Terror des 21. Jahrhunderts. Es gibt eine neue »négritude«, eine neue, unfreiwillige Sklaverei.

All das resultiert aus einem schrecklichen Mißverständnis des Sozialen von seiten der Sozialisten (zwar auch von seiten der übrigen politischen Klasse, aber insbesondere von ihnen, da das Soziale ihre Parole und ihre Strategie bestimmt).

Der Sozialismus mag keine Zeichen und keine Simulakren, er mag nur die Werte. Er versteht sich von Grund auf moralisch; Simulakren und Simulationen können sich für ihn nur auf eine frühere Periode beziehen, welche die historische Wahrheit des Sozialismus auslöschen wird. Alle Revolutionen, auch die gescheiterten, streben nach einer Reinigung der Zeichen, nach einer Desimulation und Moralisierung der Inhalte der Geschichte. Die historische Aufgabe des Sozialismus besteht darin, die Simulakren und jede unwiderstehliche Verführung zu vernichten und alle Dinge im moralischen Glanz ihrer Geschichte wiederaufleuchten zu lassen. So verbindet er sich zwangsläufig mit dem politischen Streben nach einer Restauration der angeblichen Authentizität des Sozialen. Das macht ihn vollkommen blind für die heutige Qualität, die Gott sei Dank viel subtiler und perverser ist. Alle Gedanken über einen Bereich der Verzerrung der Zeichen, über den »bösen« Geist der Zeichen, über die perversen Wirkungen der Information und auch der Signifikation im Sozialen und über die grundsätzliche und nicht nur politische Ambiguität der Medien und der Kultur und über viele andere Dinge sind dem Sozialismus unerträglich und unbegreiflich – und diese Fehleinschätzung wird auch für ihn selber tragisch werden.

Für die Moral ist das Zeichen das Prinzip des Bösen. Und was der sozialistischen Ära endgültig verlorengegangen zu sein scheint, ist die analytische Kraft des Zeichens, die ironische Macht des Zeichens in den Spielen der Gesellschaft. Die Anerkennung einer Dimension der Illusion, der Ironie und der Perversion (ich spreche nicht von Individuen und ihrem »Unbewußten«, sondern von der Illusion, Ironie und Perversion objektiver Gesellschaftsprozesse) ist mit der Perspektive vom Aufbau des Sozialen nicht vereinbar. In den totalitären Ländern, die auf eine Einheit des Sinns und der Bedeutungen aus sind, ist die Ablehnung all dessen total. Auch wir sind davon bedroht, wenngleich auch in abgeschwächter Form. Allein die Kommunikation soll funktionieren, wir sollen uns in der moralischen Transparenz von Signal und Antwort baden. Dabei handelt es sich um geläuterte, einseitige und in dem Sinne stupide Zeichen, daß sie der Ambiguität und Immoralität der Verhaltensweisen nicht mehr Rechnung tragen. Deshalb antworten die Leute nicht auf diese Zeichen, beziehungsweise sie antworten durch eine gleichwertige Stupidität – was zu Lasten des Konsenses geht.

Die Sozialisten sollten sich vor Fehleinschätzungen dieser kolossalen Veränderung des Realen in all seinen Formen durch die Information hüten, die sowohl für das Politische und das Soziale wie auch für alles andere eine fatale Wirkung hat. Aber sie sollten sich auch vor dem guten alten Prinzip der Ironie in acht nehmen, das insgeheim weiterhin wirksam ist, auch wenn es die alten kulturellen und intellektuellen Randgruppen nicht mehr geben wird oder wenn es sie bereits schon nicht mehr gibt, da sie vom Slogan »Die Intelligenz an die Macht« aufgesogen worden sind. (Wie durch einen Zauberschlag ist das Verbot der Beteiligung an der Macht und der Verwaltung für eine ganz neue politisch-intellektuelle Klasse verschwunden, die dennoch gerade aus dem Umfeld dieses Verbotes abstammt. Das gesamte linke Denken und Verhalten hat sich der staatlichen und ministeriellen Verführung plastisch angepaßt. Auch das Unbewußte selber hat nur während der Zeit der Verdrängung der Linken in die Opposition Bestand gehabt – man sehe nur, wie die Psychoanalyse von unseren Bildschirmen verschwunden ist. Ganz allgemein sind die schönsten Tage der Neurose wie auch der Revolution mit dem Sozialismus vorbei: Die verwirklichte Utopie duldet keine umstrittene Pathologie.)

Kultur und offizielle Moral werden zu so etwas wie einem monströsen Ventil, das jede Negativität in Richtung eines scheinhaften Zusammenwirkens absaugt oder -pumpt; aber sie werden trotzdem nicht der objektiven Ironie der Umkehr- und Zersetzungsprozesse derjenigen Energien, die mit der Macht Fühlung bekommen, und der Vergeblichkeit, mit der jeder Versöhnungsversuch geschlagen ist, entgehen.

Es gibt nichts Schlimmeres als die Moral der Versöhnung, aber auch nichts, was schneller zusammenbricht. Standen früher einige Intellektuelle am Rande, so befindet sich heute das ganze System am Rande seines Grabes.

Ein weiteres Paradox des sozialistischen Widersinns besteht in folgendem: Wenn man das Soziale auf einen bestimmten Bereich einengen will und wenn man es zur Existenz zwingen will, kann man nicht mehr erkennen, daß es grundsätzlich durch perverse Wirkungen funktioniert, deren geringste nicht die individuelle und kollektive Anstrengung ist, die wir unternehmen, um ihm zu entkommen. Ein Buch von François de Closets *(Toujours plus)* zieht in gewisser Weise die Bilanz aus diesem regulativen Mangel an Bürgersinn, aus dieser Besessenheit, mit der jeder seinen

Bereich und seine korporativen Privilegien auf jeder Ebene der Hierarchie schützt. Sein Buch ist eine überzeugende Darstellung des totalen Scheiterns des Sozialen als demokratischer, egalitärer und solidarischer Prozeß. Das Buch will aus diesem unvermeidlichen Verhalten, das jede gute politische Absicht und jedes »sozialistische« Vorhaben zum Scheitern bringt, keine Konsequenzen ziehen. Aber es macht sehr wohl deutlich, daß nichts an diesem Zustand etwas ändern wird, beziehungsweise daß jede Reform ihn noch verstärken wird. Ein »böser« Geist, der von den Randgebieten, von allen Horizonten des Kollektivgeistes kommt (denn alle sind außerordentlich geistreich, wenn es darum geht, den Staat zu hintergehen, gesetzliche Verfügungen für sich auszunutzen, Steuern zu hinterziehen oder sich der Verantwortung zu entziehen – in diesem Bereich und nur in diesem Bereich ist die Phantasie der Leute wirklich unerschöpflich), zermalmt unweigerlich jeden politischen Willen zur Regulierung des Laufs der Dinge.

Die Politikerklasse hat aus der Lektüre dieses Buches (und übrigens auch von Closets) nichts gelernt. Da die politische Vernunft gerettet werden soll, muß man also weiterhin diese fundamentale Immoralität als eine vorübergehende Entgleisung der Sitten kritisieren. Dagegen lautet die verborgene Spielregel, nicht nur von Machiavellis »Fürsten« und den großen Politikern, folgendermaßen: Man muß das Böse, das Laster, den Eigennutz und die Leidenschaften benutzen und zum Tragen bringen, man muß also auf das Böse setzen, das heißt auf die Intelligenz der geheimen Abweichung der Dinge, und niemals auf das Gute, das heißt auf die Redlichkeit der Dinge. Nur um diesen Preis hat das Politische früher existiert, und nur um diesen Preis existieren wir heute, da darin die einzige strategische Regel für das Überleben besteht – nur um diesen Preis kann das Soziale selber existieren. Diese Einsicht ist nicht zynisch – sondern ganz einfach eine Spielregel. Diese Evidenz, diese Regel zu leugnen, entspricht ganz einfach dem völligen Fehlen von politischem Verständnis. Das lastet auf den Plänen der Sozialisten und führt zu der Heuchelei und Schwäche all ihrer Diskurse.

Diese Spielregel, diese grundlegende Immoralität muß verborgen bleiben – sie gehört zu jenem verfemten Teil, den keine gesellschaftliche Vernunft jemals erfassen kann. Nur in ganz wenigen Augenblicken leistet sich eine Gesellschaft das offene Spektakel ihrer Immoralität; ebenso wie sie sich nur bei ganz wenigen Gelegenheiten das gewaltsame Spektakel der demokratischen Illusion gibt (die dunkle Stunde der Privilegien). Was dem Sozialen widersteht, ist, daß jeder von uns das Phantasma einer Geheimgesellschaft in sich trägt, deren Initiationszeichen schon zum kleinsten Privileg wird. Privileg bedeutet wörtlich, sein eigenes Gesetz, seine eigene Regel, seine Souveränität zu haben. Es ist etymologisch fast dasselbe wie Autonomie, nur daß diese unterschwellig den Sinn von »sich selber dem Gesetz unterstellen« bekommen hat. Die Leute irren sich dabei nicht. Sie wollen eigentlich keine Autonomie, sondern Privilegien.

Andere Gesellschaften haben keinen Hehl daraus gemacht, daß sie offen mit Hilfe von Grausamkeit und Gewalt, welche sich im Opfer manifestierten, funktionierten. Die unsere schreckt davor zurück. Sie verwendet all ihre Energie darauf, sich diese Evidenz nicht vor Augen führen zu müssen. Es handelt sich um eine geteilte, zerrissene, unglückliche und scheinheilige Gesellschaft, da sie ihre eigenen Grundlagen und Funktionsmechanismen für unakzeptabel hält. Ich sage nicht, daß der Sozialismus dafür verantwortlich ist, ich sage nur, daß er sich am meisten weigert oder am unfähigsten ist, diese Evidenz zu erfassen. Er müßte ein wenig unmoralischer und etwas bewußter sein. Statt dessen hält er sich an den Diskurs des Gesetzes und an die Wirksamkeit der Tugend, er klammert sich an die Möglichkeit des Sozialen und seiner endgültigen und kohärenten Organisation (er strebt keine Revolution mehr an, da er sich vor all ihren Exzessen bewahren möchte – dabei bewahrt er sich nur Illusion). Alle Perversionen eindämmen, alle Entgleisungen, Ambitionen, illegalen Leidenschaften, das Spiel, den Betrug und die Ausschweifung abschaffen (unter Ausschweifung verstehe ich jede Verderbtheit oder Abweichung, die der Wirkungen gegenüber den Ursachen, die des Verhaltens gegenüber den Zwecksetzungen und sogar die der am perfektesten geregelten Mechanismen gegenüber ihrer Programmierung – alle möglichen Ausfälle und unvorhersehbaren Folgen gehören zu dieser natürlichen Ausschweifung und zur Unordnung der Dinge).

Statt dessen aber soll das Soziale in seiner leuchtenden, transparenten, vertraglichen und demokratischen Verkettung erstrahlen. Die ganze individuelle und kollektive Anti-Organisation, die der schwarze Kontinent des Sozialen ist, bleibt für unsere naiven Politiker ebenso rätselhaft und unverständlich wie die freiwillige Knechtschaft und das Schweigen der Massen. Dasselbe gilt für die Funktionäre und Intellektuellen der göttlichen Linken, die diese Anti-Organisation irgendeiner böswilligen Natur oder irgendeinem bösen Willen zuschreiben – und das muß ausgemerzt werden, man muß die Völker ihrem »bösen« Geist entreißen, um sie ihrem *guten* Willen, ihren *guten* Wünschen zuzuführen, so wie das Soziale seinem *guten* Funktionieren.

Der Sozialismus ist die Weihe für dieses von einer dramatischen Naivität durchdrungene Ideal. Mitterand verkörpert in hervorragender Weise diese unglückliche Idealität des Mannes an der Macht, diese Mischung aus Terror und Tugend (auch wenn die Tugend sich heute nicht mehr mit dem Terror wappnet, was ihr nicht wenig von ihrer Größe nimmt, sondern sich statt dessen mit Heuchelei rüstet und sich ein geheimnisvolles und pathetisches Gepräge gibt, das die verkrampfte Erhabenheit des nationalen Willens verkörpert). Ein schwammiges, blasses Lächeln, eine unbestechliche nach oben geliftete Stirn, ohne Glanz und ohne Schwäche. Image, immer nur Imagepflege.

Im Grunde ist aber gerade die Politikerklasse mit ihrer anspruchsvollen und melancholischen Moralität pervers. Der Lauf der Dinge seinerseits resultiert aus einer fröhlichen Immoralität und aus einer großen politischen Gleichgültigkeit. Schweigen und Knechtschaft? Keineswegs. Diejenigen, die schweigen, wissen etwas mehr über die ironische Ordnung oder Unordnung der Dinge. Nur die Politikerklasse befindet sich in diesem unglückseligen Paradox, in dieser fatalen Verkettung von Vernunft und Gesetzgebung, welche beide danach trachten, das Soziale um seiner selbst willen zu universalisieren und damit auch das immer deutlichere Scheitern dieses Unterfangens: Schon die bloße Idee des Sozialen verschwindet am Horizont aller Diskurse, die Idee der Geschichte verschwindet am Horizont der Information, und die Idee der Souveränität verschwindet am Horizont des »gesellschaftlichen Wandels«. Die anderen leben in einem glücklichen Paradox: Denn diese geheime List, diese ironische und schweigsame Komplizenschaft bildet die wirkliche Organizität des sozialen Bandes und ist gleichzeitig (und das ist das Wunder) dessen größte Verhöhnung.

III

Euphorie am Tropf

September 1984
Euphorie am Tropf

»Der neue Pessimismus entsteht dadurch, daß alles immer besser läuft.«

Ich habe entgegen aller Wahrscheinlichkeit darauf gewettet, daß die Linke nicht an die Macht kommen wird, mehr noch: nicht an die Macht wollte. Diese Wette basierte auf der negativen Strategie der Kommunistischen Partei, auf der Koma-Strategie der Linken im wohlwollenden Schatten der Rechten. Schließlich ist die Linke 1981 doch an die Macht gekommen, trotz der P. C., die sich der Operation nur angeschlossen hatte, um sie zu kompromittieren und ihr Ende zu beschleunigen – also letztendlich doch durch das Ausscheren der P. C. Jetzt, wo die Linke an der Macht ist und trotz aller entgegengesetzten Zeichen, wage ich wiederum allem Anschein zum Trotz die Hypothese, daß sie dort auch bleiben wird . . . Eine Überraschung! Aber was kann heute schon interessant sein außer der Überraschung? Und wenn es auch stimmt, daß die Linke heute auf der Ebene einer repräsentativen Mehrheit geschlagen worden ist, so ist doch keineswegs sicher, daß sie sich nicht alle Chancen zur Erfüllung der einzigen Aufgabe, die der Politikerklasse übriggeblieben ist, bewahrt hat: nämlich das Ende des Repräsentationssystems zu organisieren.

Es ist interessant, ob die Linke sich durch schlichte und einfache Trägheit an der Macht halten kann; und zwar nicht weil sie irgendeine politische oder symbolische Glaubwürdigkeit wiederfinden könnte, sondern weil sie am besten dazu geeignet ist, die Krise der politischen Phantasie zu verwalten: Sie könnte die Früchte einer Situation ernten, in der letzten Endes jede Vorstellung einer realen Differenz zwischen der Rechten und der Linken aus den Köpfen verschwunden ist. Was für die Vertreter des Mai 68 galt, gilt heute unterschiedslos für alle. Und diese tiefe Differenzlosigkeit – der endgültige Verschleiß der Repräsentation (übrigens in jedem Sinne des Wortes: Die theatralische Repräsentation ist ebenso tot wie das Prinzip jeder philosophischen Repräsentation oder Vorstellung des Objektes) – diese grundsätzliche Differenzlosigkeit (und Gleichgültigkeit) macht jede Wählerentscheidung ungewiß. Die kollektive Wählerbefragung ist kein Akt der Meinungsäußerung mehr. Deshalb gibt es davon immer mehr. Es handelt sich um eine Art von Spiel und spektakulärer Neugierde. »Seht, was geschieht, wenn ihr links wählt!« »Die Rechte will noch zwanzig Jahre bleiben – leistet euch mal die Linke!« (eben das ist 1981 geschehen) und warum nicht: »Die Linke hat alles verspielt – soll sie doch an der Macht bleiben!« (1986/88?).

Wie Choderlos de Laclos' Valmont, der Cécile Volanges im Bett überraschte, ohne irgendeine amouröse Absicht die reine Wirkung der Überraschung beobachten wollte, so möchte ich gerne in dieser anderen »gefährlichen Liebschaft« zwischen der Linken und der Macht die reine Wirkung der Trägheit im politischen Bereich erforschen. Die Trägheit hat historisch zwar eher auf seiten der Rechten mitgespielt, aber es ist keineswegs sicher, daß das Spiel nicht andersherum läuft, wenn es keine Geschichte mehr gibt. Die Linke mußte früher die Energien mobilisieren und die Rechte die Kastanien aus dem Feuer holen. Aber wenn es keine Kastanien mehr aus dem Feuer zu holen gibt, wenn die Krise endgültig ist – und zwar nicht nur die ökonomische Krise (denn diese ist ja eine Art von Lebensversicherung für die Linke – je schlechter es läuft, um so mehr Verantwortung übernimmt sie), sondern auch die politische Krise, die Indifferenz-Krise – hat die Linke um so mehr Chancen, dazu *verurteilt* zu werden, an der Macht zu bleiben, um diese permanente Krise zu verwalten.

In diesem Sinne macht sich die Trägheit für sie bezahlt, so wie die Überraschung für Valmont. Im Gegensatz zu ihren sozialen und moralischen Mobilisierungsprinzipien (aber ist sie sich über ihre eigenen Prinzipien überhaupt noch bewußt?) liegt ihre einzige Möglichkeit in der Gewöhnung an die Krise, in der Gewöhnung an ein ständig bedrohtes, aber kaum verändertes Soziales, in dem die

Rechte sich nicht als Opposition konstituieren kann, da allein die Linke eine Berufung zur Opposition hat und die Rechte in der Opposition immer nur eine nachgemachte Linke ist. In strategischen und nicht in ideologischen Begriffen gesagt, die Linke hat kein Interesse daran, die Leidenschaften oder die öffentliche Meinung wiederzubeleben (wenn sie das seit 81 je gemacht und zur Mitsprache oder Teilnahme aufgerufen hat, ist sie immer auf Schweigen gestoßen und hat alles verloren), sie hat eher ein Interesse daran, (endlich!) zynisch zu werden, diese Trägheitssituation bewußt einzuschätzen und sie zu ihrem Besten zu organisieren. Und ungefähr das macht sie auch, allerdings heuchlerisch und ohne es zu wissen. Und sie wird die göttliche Überraschung erleben, sich an der Macht durch die Gleichgültigkeit des Volkes bestätigt zu sehen.

Das ist ein schwaches Ideal. Aber keine Klasse oder Fraktion der politischen Klasse kann heute auf den *Willen* des Volkes zählen. Unsere Repräsentanten – egal, wer sie sind – befinden sich in einer vollkommen falschen Situation: Sie sind gleichzeitig dafür da, um diesen Willen zu repräsentieren und um zu verbergen, daß sie nichts repräsentieren. Diese letztere Aufgabe ist paradoxerweise viel anstrengender als die andere, je mehr sie *vor sich selber* verbergen müssen, daß sie nichts repräsentieren.

*

Vieles hat sich geändert. Es gibt kein Kind mehr, das gehorchen muß; es gibt keine Frau mehr, die besessen werden kann; die Wissenschaft hat kein Objekt mehr, das analysiert werden kann; und es gibt keine Masse oder kein Volk mehr, das repräsentiert werden kann. Man kann bis ins Unendliche über die Wohltaten des Repräsentationssystems und insbesondere des Wahlsystems diskutieren. Für die Demokratie war es ein folgenschwerer Schritt, von der Präsenz zur Repräsentation überzugehen. Die griechische Demokratie funktionierte nicht mit Hilfe der Repräsentation, sondern durch die rivalisierende, antagonistische und nicht-egalitäre Präsenz aller Bürger. Unsere modernen Systeme haben den Bürgern ihre Präsenz zugunsten ihrer Repräsentation abgewöhnt. Diese Form ist historisch zweifellos ein Anstoß für die bürgerlichen Demokratien gewesen, aber es ist gut möglich, daß sie heute absterben. Die Professionalisierung der Politikerklassen hat den demokratischen Prozeß umgekehrt. Beziehungsweise zwischen Repräsentanten und Repräsentierten ist dieselbe Determinationsstörung eingetreten wie in allen großen zweipoligen Systemen, die früher so gut funktioniert haben, wie zum Beispiel die Pädagogik, das Wissen, die Machtverhältnisse oder die Eltern/Kind-Beziehungen – keiner kann mehr behaupten, daß die Souveränität von der Basis an die Führung delegiert wird oder daß das Wort oder der Sinn nur von einem Punkt ausgehen, um an einem anderen decodiert zu werden. Es gibt eine Störung der wechselseitigen Distanzen. Die beiden Pole, die das Funktionieren eines Repräsentationsraumes ermöglichten und die Platz für eine *Szene* der politischen Handlung und Repräsentation schufen, gibt es nicht mehr. All das ist verschwunden, *und jeder weiß das*, denn dabei geht es nicht um eine ideologische oder moralphilosophische Frage: Hier wie überall hat die Beschleunigung der Energieströme die Kreisläufe zerstört – und keine politische Glaubwürdigkeit kann die Masse der Bürger jemals wieder mit ihren »Repräsentanten« verbinden, ebensowenig wie keine statistische Glaubwürdigkeit jemals wieder die Meinung der Leute mit ihrer Darstellung in den Umfrageergebnissen verbinden kann. Mehr noch: Die Leute haben buchstäblich keine Meinung und keinen politischen Willen mehr; Wille und Meinung sind zu einer willkürlichen variablen Größe geworden und reagieren nur noch auf die Erregung und den künstlichen Anstoß der Meinungsumfragen und Wählerbefragungen; durch die Kraft der Umstände, die das Willkürliche trotz allem zwingt, irgend etwas zu bezeichnen, werden sie zahllos und permanent. »Die politische Grundformel all dieser Variationen unterliegt heute einer derartig instabilen Chemie, daß sie sich nur in dem kurzen Zeitraum fixieren läßt, in dem von Zeit zu Zeit die Stimmzettel abgegeben werden – eine Operation, die übrigens viel mysteriöser und viel weniger rational ist, als man gerne glauben machen will.« (Michel Kajman, »Le Monde«, 23. August 1984). Auf die Spitze getrieben, wären diese Konsultationsphasen so etwas wie kurz unterbrechende Werbeschlaglichter, so wie im Fernsehen Filme über das Alltagsleben. Dabei handelt es sich nicht mehr um eine Repräsentationsmaschine, sondern um eine Simulationsmaschine. Keine Manipulation: Man braucht nicht zu glauben, daß der Bürger der Macht hilflos ausgeliefert ist, durch die Medien entfremdet wird und seines Willens beraubt wird – das wäre noch die alte Analyse, die die Macht selber kultiviert, um die Fiktion von politischer Entfremdung zu nähren (sie würde nur zu gerne an ihr Monopol über die Medien, die Information und die Bewußtseine glauben). Die Leute simulieren ganz einfach das Staatsbürgertum, und die Macht ihrerseits simuliert die Macht. Und das kann ewig so weitergehen.

*

Die Politikerklasse hat virtuell keinen spezifischen Charakter mehr. Ihr Element ist nicht mehr Entscheidung und Handlung, sondern das Videospiel. Es ist nicht mehr wichtig, repräsentativ zu sein, sondern angeschlossen und »auf Sendung« zu sein. Und genau darum bemühen sich die »Politiker« verzweifelt: Ihre Intervention beschränkt sich mehr und mehr auf die Berechnung der Spezialeffekte, der Beleuchtung und der gelungenen Selbstdarstellung. Selbst ihre Ideologie richtet sich nicht an unsere Grundüberzeugungen: Entweder sie spricht uns an oder nicht. Dadurch verlieren sie ihre politische Aura im eigentlichen Sinne und können vielleicht sogar im Mediendenken der Massen durch Vertreter des Show-Geschäftes oder des Sports ersetzt werden, das heißt durch echte Profis, durch Leute, die viel professionalisierter sind als sie und deren Verhältnis zur Technik viel weiter entwickelt ist als das ihre. Von dieser Regel sind Wissenschaftler und Forscher nicht ausgeschlossen, von denen man sich sehr wohl vorstellen kann, daß sie zu Stars eines öffentlichen Diskurses werden, zumindest wenn dieser performativ ist, das heißt, wenn ihre Expertenqualität als Performance eingesetzt werden kann.

Die Sphäre des Politischen ist an sich instabil. Die Machtausübung ist niemals wirklich legitim. Zu allen Zeiten hat man von einer nicht-politischen Republik geträumt, von einer Republik der Künste, der Philosophen und der Wissenden. In diesen Utopien hat man von einer weniger professionellen, freieren und »philosophischeren« Form der Macht geträumt als der der traditionellen Politiker. Dagegen kann man heute beobachten, daß die Politikerklasse durch noch performativere Hyperprofis ersetzt wird, durch Journalisten oder Show-Leute, denen ihr Ansehen als Spezialisten, Experten, Champions oder Stars beinahe automatisch eine Stimme in den öffentlichen Angelegenheiten gibt.

Yves Montand: die andere Szene kommt der im Niedergang begriffenen politischen Szene zur Hilfe. Aber machen wir uns keine Illusionen: nicht der lyrische Sänger der französischen Volksseele oder die »freie Aussprache« des einfachen Mannes rührt uns hier, sondern die Wirksamkeit eines »Profis«, die Übereinstimmung eines echten Profis mit einem professionellen Medium. Die Sozialisten sind nicht professionell (weder in der Ökonomie noch in der Politik), sie sind konfessionell: sie bieten auf der Szene nur die sentimentale Pathetik des guten Glaubens und des Scheiterns. Es gibt also Platz für eine andere Art von Performance, die von woanders kommt. So haben auch die Journalisten die Tendenz, die politische Szene erfolgreich zu besetzen und auch die literarische und philosophische Szene. Es gibt keinen Zweifel, daß Yves Montand und Christine Ockrent das beste »Ticket« für eine nicht-politische künftige Republik hätten. Der Fall Reagan ist exemplarisch: ein professioneller Schauspieler, der gleichzeitig die politische Ära der Kennedys und den eigentlich politischen Umgang mit den Staatsangelegenheiten beendet hat. Aber auch Johannes Paul II. ist ein gutes Beispiel: als Medienprofi mit evangelischem Look und Jet-set-Predigten hat er die apostolische Szene vollkommen umgewälzt. In den Ländern des Ostens kann man sehen, wie verdiente

Sportler ausschließlich aufgrund ihrer Siege in der militärischen oder politischen Hierarchie aufsteigen; und in den USA bewerben sich Astronauten um die Präsidentschaft. Wir bewegen uns vielleicht in Richtung einer Republik der Schnulzensänger, Ansager, Sprinter oder Animateure. Warum nicht? Im alten Rom hat man schon einmal ein Pferd zum Kaiser gekrönt.

Es gibt tatsächlich nichts Lustigeres als das; zumindest entflieht man der Langeweile und dem andauernden Philistertum unserer Regierenden. Ist es nicht viel lustiger, Reagan ohne jede Komplexe lachen zu sehen, als Mitterand wie am Tropf lächeln zu sehen? Der Gleichgültigkeit der Völker entspricht das Lächeln des Chefs. Und wenn unsere Gesellschaften Simulationsgesellschaften sind, ist es dann im Grunde nicht besser, daß die Herrschenden große Simulanten und Simulationsprofis sind? Reagan ist mit Sicherheit der vollkommene Repräsentant Amerikas (das dadurch zu einer absoluten Demokratie wird), er repräsentiert die endgültige Beförderung des Werbeslogans (»Ihr seid die Besten«) auf die politische Ebene, die Rache des Spektakulären und des Reklame-Bereiches an der Politik und somit auch die Rache des Volkes an der Politikerklasse. Wenn euch das nicht gefällt, um so schlimmer für euch. Die Zeit gehört dem Lächeln der professionellen Mutanten und ihrem sich selbst regenerierenden Optimismus. Wenn ihr meint, daß das Lächeln von Reagan trotzdem einen leidenden Zug hat und der unerbittlichen Melancholie der Greise im Osten, die ihrerseits Mutanten der Bürokratie waren, in nichts nachsteht, um so schlimmer für euch. Aber gerade daß Reagan eine vollkommene Repräsentation ist, nimmt ihm jede politische Qualität; in einer Gesellschaft, die sich mit ihrer verkörperten Wahrheit vereinigt, gibt es keinerlei politische Dimension mehr: sie ist verschwunden, und es beginnt die senile Euphorie. Das Politische besteht gerade darin, sich von dieser albernen Identifikation und von dieser morbiden Vereinigung eines Volkes mit dem Lächeln des Chefs abzusetzen, welche zu anderen Zeiten die Form einer fanatischen Identifikation mit dem mörderischen Lachkrampf des *leaders* angenommen hatte. Das Politische muß trennen, unterscheiden; und es ist sehr gefährlich, den politischen Status mit dem Kino-Charisma zu vereinen.

Der Wind hat sich gedreht, da wir im Auftritt eines Montand etwas Neues sehen. Aber es ist nicht sicher, ob wir das Spiel dieses Polit-Spektakels ebenso gut spielen können, wie die Amerikaner es schon immer in Reinkultur in einem Land der Stil- und Rassenmischung gemacht haben. Bei ihnen gibt es angesichts dieser Korruption der Szene eine großartige Ungezwungenheit und einen gewissen Humor, der für unsere Tugendmoral abstoßend ist. Die Vereinfachung durch den Erfolg ist für uns noch nicht zur Regel geworden. Aber wir müssen uns klar machen: Nicht nur die politische Szene, sondern auch die intellektuelle Szene wird binnen kurzem von einem auf die Spitze getriebenen Professionalismus beherrscht werden. Das ist der neue Geist der Öffentlichkeit. Es bleibt vollkommen ungewiß, ob es sich dabei um einen gesunden Fortschritt der Demokratie oder um einen unaufhaltsamen Niedergang der Sitten handelt. Was hat diese neue »Sportivität« des politischen Lebens, die sich in der Tat dem Reklamewettbewerb annähert und bei der die Zufälligkeit der Umfragen wie die »sportlichen Zufälle« funktioniert, zu bedeuten?

In einer Welt ohne Trennungen, die durch die Abschaffung der Repräsentation vereinheitlicht worden ist, gibt es sowohl in der Politik wie in der Kultur nur noch (wie im Universum der Partikel) Wirbelbewegungen, flashs, Spezialeffekte, plötzliche Polarisierungen, die den Modeeffekten vergleichbar sind, und Verstopfungen, die nur das Imaginäre der untätigen Masse und ein Spiegel sind, in dem die Masse ihre gleichgültige Macht betrachtet, welche darin besteht, die Geschichte in *irgendeine beliebige* Richtung zu lenken – eine Rache für jene allzu lange Periode, in der man sie in diese oder jene Richtung drängen wollte.

*

Hypothese: Die Linke bleibt an der Macht. Einerseits, weil es keine Kommunistische Partei mehr gibt, die in der Lage wäre, sie daran zu hindern, so wie sie es lange Zeit geschafft hat, sie daran zu hindern, an die Macht zu gelangen. Dennoch ist es nicht unvorstellbar, daß die P. C. wieder das Spiel der Rechten spielt, um dem totalen Untergang zu entgehen –, alles, was passiert ist, zeigt, wie recht die P. C. hatte, sich mit aller Kraft einer Links-Regierung zu widersetzen.

Andererseits, weil es irgendwie eine Affinität (die man allerdings genauer bestimmen müßte) zwischen einer ideologisch abgestorbenen Linken und einer politisch indifferenten Gesellschaft geben könnte, zwischen einer transparenten Linken und einer Gesellschaft ohne Geheimnis, zwischen dem Aufgeben jeder historischen Zielsetzung durch die Linke und dem Aufgeben jedes politischen Willens durch die bürgerliche Gesellschaft. Aber könnte nicht dasselbe für die Rechte gelten? Sicherlich, aber die ideologische Inexistenz der Rechten dauert schon zu lange an; die Rechte ist schon immer eine Trägheitskraft gewesen, während die Linke eine reuige historische Kraft ist, was sie besser für die Organisation der neuen Probleme qualifiziert. Sie wird sich wie alle reuigen Sünder darum bemühen, ihre Vergangenheit vergessen zu machen und ihre Fähigkeiten unter Beweis zu stellen. Die Rechte wird sich dagegen auf die Suche nach neuen »Ideen« machen. Und das ist ein schlechtes Zeichen für sie, denn wenn eine Rechte Ideen hätte, würde sie ihre Legitimation verlieren.

Die Opposition wird in einem System, in dem man nicht mehr die Macht wechselt und in dem Negativität keinen Sinn mehr hat, völlig entkräftet. Die Linke hat sich in der Opposition in Jahrzehnten vollkommen ausgeblutet, und die Rechte ist im Begriff, dieselbe Erfahrung zu machen. Sie kommt langsam in die Verliererrolle. Sie reagiert verärgert mit Solidaritätsabsagen, Gegenbeschuldigungen und politischer Schwarzmalerei – schlimmer noch: Sie will erneut Frankreich repräsentieren, was heute ein Zeichen von Schwäche ist, dem übrigens auch die Linke in weiten Teilen unterliegt. Allerdings beginnt letztere sich Kraft der Umstände davon zu lösen: Mitterand arbeitet immer besser außerhalb jeglicher Repräsentativität und entgegen den

Umfrageergebnissen. Seitdem er sich entschlossen hat, sich darum nicht zu kümmern, hat sich seine Handlungsfreiheit vervielfacht, wie man am Beispiel des Referendums gesehen hat: Anstatt seine Zeit darauf zu verschwenden, sich zu bestätigen, daß man an der Macht ist, lieber mit den Buchstaben der Verfassung spielen, die Termine verschieben, das Räderwerk und die Maschine *in Gang setzen* und – infolgedessen zum ersten Mal über die Rechte siegen, die mit einer deutlichen statistischen Überlegenheit prahlt. Dieser Rechten geht es – wenn das überhaupt möglich ist – in der Opposition noch schlechter als der Linken an der Macht. Sie löst sich zusehends auf, und das ist nicht einer der geringsten Gründe für einen möglichen Sieg der Linken 1986 (egal in welcher Form): Wenn es ihr gelingt, die Rechte möglichst lange in der Opposition zu halten, wird sich die Trägheitskraft umkehren und sich zu ihren Gunsten auswirken.

Phänomene wie Le Pen oder die Sammlungsbewegung für freie Schulen[1] sind für die Rechte eher von Nachteil. Beziehungsweise sie bezeugen eher die gegenseitige Zerrüttung der Rechten und der Linken. Keine von beiden kann diese Phänomene kontrollieren. Le Pen ist deshalb noch keine faschistische Bewegung. Es hat keinen Sinn, sich selber Angst zu machen. Die Zeiten liegen lange zurück, in denen die liberale Demokratie die Menopause der westlichen Gesellschaften – die Große Menopause des sozialen Körpers – und der Faschismus ihr sexueller »Midlife-Dämon« waren. Die Demokratien haben definitiv die senile Hysterieform des Rentenalters erreicht; sie haben nicht mehr genügend Energie, um einen mächtigen inneren Feind entstehen zu lassen, wie es zum Beispiel der mythische Faschismus war, der mit der tausendjährigen Absicht, das Volk durch Rasse und Blut zu transpolitisieren, mächtig ideologisiert worden ist. Le Pen ist nur ein Ekzem oder

[1] Bei den Kommunalwahlen und bei den Europawahlen im Jahre 1984 hatte die rechtsradikale *Nationale Front* unter der Führung von Le Pen starke Stimmengewinne zu verzeichnen. – Die Bewegung für die »freie Schule« richtete sich gegen die Absicht der Sozialisten, die konfessionellen und privaten Schulen zumindest teilweise zu verstaatlichen. (A. d. Ü.)

ein gerupftes Huhn, das viel mehr als seine eigene Kraft die innere Schwäche aller gegenwärtigen politischen Systeme beweist – und diese Schwäche ist die charakteristische Schwäche unserer Epoche: der Verlust der immunisierenden Abwehrkräfte. Gerade weil das Repräsentationssystem extrem schwach ist und weil das Soziale in seinen Strukturen so zerbrechlich wie ein überbeschützter Körper ist, kann jedes beliebige Krebsgeschwür an jeder beliebigen Stelle dieses Sozialkörpers auftreten, der für jeden beliebigen Virus anfällig ist, seitdem all seine Funktionen auf künstliche Organismen übertragen worden sind. In den Medien, in der Presse, in den Ansprachen, überall geht es um die Frage des Sozialen: Dabei handelt es sich nicht mehr um eine Ambition, einen Traum, eine Utopie oder um einen Kampf, sondern um einen Menschen, der definitiv krank ist und andauernd am Tropf hängt. Wenn man ihn auch nur einen Augenblick vergißt, wenn man ihn nicht mehr künstlich ernährt, stirbt er. Die therapeutische Besessenheit ist also die einzige heutige Ideologie. Genau das praktizieren die Sozialisten am Sozialen, die Ökologen an der Natur und wir alle an einer Menge von überholten Ideologien. Überleben durch die Verweigerung der Einsicht, daß die Technologie dem Tod untersteht. Sozialismus nicht als natürliche oder widersprüchliche Bewegung zum Sozialen, sondern als Verweigerung der Einsicht, daß das Soziale sich von uns entfernt. All die künstlichen Anreize der Information durch die Verweigerung der Einsicht, daß die Zeit und das Ereignis sich uns entziehen – der Exzeß der künstlichen Gedächtnisse durch die Ablehnung des Vergessens, obwohl die Verfügbarkeit jeder Information das Ende der Geschichte selber bedeutet. Wir kultivieren das überstandene Koma. Wir bewundern die künstlichen Organverpflanzungen. Wir begeistern uns an Prothesen. Überall entspricht die Besessenheit vom Leben einer Austrocknung der ursprünglichen Lebensformen, einer Entkörperlichung des Körpers, der therapeutischen Reinkarnation eines toten Universums und einer vergangenen Zeit.

Wir haben vergessen, daß man dem Stillstand eine Chance geben muß, daß es eine Tugend des Verharrens gibt und daß man sie respektieren muß. Eben das gilt für die Gegenwart; man darf ihren melancholischen Zerfall nicht um jeden Preis stören wollen. Gerade und vor allem im Politischen ist die Therapiebesessenheit das Schlimmste, was es gibt.

*

Wie alles, was sich seinem Ende nähert, bekommt das Soziale völlig widersprüchliche Bedeutungen, zu deren getreuem Spiegelbild sich der Sozialismus macht. Die bis jetzt letzte krampfhafte Veränderung, die im Begriff ist, zu einer sozialen Illumination der achtziger Jahre zu werden, besteht in einer neuen, flexiblen, informativen, autonomisierten und nicht mehr automatisierten Sozialität, die bis in ihre kleinsten Moleküle assoziativ, partizipatorisch und erfinderisch sein und von einem strahlenden und risikobereiten freien Unternehmertum regeneriert werden soll – eine ideenreiche, mit Kapital versorgte lebendige Sozialität, die wildentschlossen modern, optimistisch und dezentralisiert sein soll (allerdings nicht zentrifugal, da man sich sonst in Regionen auflösen würde), eine Gesellschaft mit narzißtischen und tatkräftigen Führungskräften, die lustvoll mit ihren Terminals und Mikro-Computern verbunden sind – eine Gesellschaft, die sich der mystischen Parabel der Effektivität und der Publizität überläßt und die schließlich gleichzeitig dem protektionistischen und repressiven ödipalen Bestrebungen des Staates sowie all den Ideologien ausgeliefert wird, die seit zwei Jahrhunderten die Größe und die Dekadenz des Sozialen ausgemacht haben. Man wird sich etwas spät darüber bewußt, daß das Soziale in Wirklichkeit eine Kolonisierung der Gesellschaft bedeutete und eine Schutzherrschaft gewesen ist, in der alle Energien zu verschwinden begannen. Man hat zu spät begriffen, daß man sich vom Sozialen und den sozialen Errungenschaften losreißen muß, um wieder etwas in Gang zu bringen ... aber was? Eine neue Sozialität der Zusammenschaltung (interface), der Interaktion und der permanenten Dynamik, eine folgenlose Aktualisierung aller Potentialitäten, eine unaufhörliche Kommunikation unnützer Informationen und immer feinerer Netze – eine Gesellschaft, die letztendlich ihrer eigenen Energie ausgeliefert wird und sich in der Initiative entlädt, in der aber der trendbewußte Akademismus der jungen Wölfe, die mit sich selber jeden Tag ein Recycling vornehmen, vollkommen dem eiskalten Akademismus der alten Politikaster entspricht. Dabei braucht man noch nicht einmal an die ausgeflippten Erfindungssüchtigen und Computerforscher zu denken, die schließlich ihren eigenen Modellen ähnlich werden und bei denen man nicht weiß, was man mehr bewundern soll, ihre gesellschaftliche Naivität oder ihre soziologische Naivität als Promoter von Modellen.

Dieser mikroprozessiven, euphorischen und blendenden Sozialität stehen wir von vornherein lustlos und ratlos gegenüber.

Wenn man die großen techno-bürokratischen Einheiten ablehnt, muß man sich dann statt dessen einer molekularen Dynamik ausliefern, die unausweichlich an die Brownsche Bewegung von durcheinanderwirbelnden Partikeln erinnert? Wenn man sich nicht sozialisieren lassen will, muß man sich dann dem »plural« und »local«, der Software ausliefern, deren Hymne heute bis in die letzten Hütten erschallt? Vor allem erinnert all das sehr stark an ein Herunterschalten auf eine individuelle oder Gruppen-Ebene mit den Zielsetzungen und Gegebenheiten der früheren gesellschaftlichen und staatlichen Vernunft: Programmatik, Unternehmertum, Investition und Erfolg. Man sagt euch ganz einfach: Seid doch euer eigenes Unternehmen, seid euer eigenes Netz, seid eure eigene Zielsetzung, beschäftigt euch selber. Und die ungeheure Tautologie, die früher eine ganze Gesellschaft ergriffen hatte und die darin bestand, sich wie der Baron Münchhausen am eigenen Schopfe aus dem Sumpf zu ziehen, das heißt, sich in dem universellen Unternehmen der Produktion und der Überproduktion einer lächerlichen und endlosen Finalität zu weihen – diese Tautologie überträgt sich heute auf die individuelle Ebene, *ohne daß die Postulate sich geändert hätten*. Etwas unternehmen, um etwas zu unternehmen; Erfolg haben, um Erfolg zu haben; investieren, um zu investieren; existieren, um zu existieren. Produktivität und Produktionsplanung werden – so sozial sie einmal gewesen sein mögen – zu Viren (vor allem durch die Informatik). Mehr als um eine Mutation handelt es sich um eine seuchenartige Ausbreitung in die Tiefe, um eine Ausbreitung der altbekannten verinnerlichten Zwänge im Bindegewebe der Gesellschaft.

Soll man sich darüber wundern? Die Entkolonisierung hat überall zu denselben Ergebnissen geführt. Sie ist immer in dem Sinne gescheitert (oder gelungen, wie man will), daß sie die Kolonien mit allen Krankheiten der kolonisierenden Länder infiziert hat, indem sie sie unter dem Mantel der Unabhängigkeit unlösbaren Identitätsproblemen und der Notwendigkeit zur Aneignung einer Geschichte und Ideologie, die nicht die ihre war, ausgeliefert hat – und sie dabei auch noch weiterhin auf dem Umwege ihrer eigenen Autonomie ausbeutet: Die aufgezwungene Schutzherrschaft wird durch eine freiwillige Sklaverei abgelöst. Genau dasselbe geschieht bei der sozialen Entkolonisierung in unseren fortgeschrittenen Gesellschaften: Jeder ist eingeladen, sich ganz schnell durch eine hochgradig selektive Modernisierungsoperation der Kultur anzupassen. Man teilt nicht mehr, um zu herrschen: man konfrontiert jeden mit seiner eigenen Verantwortung.

*

Die moderne Geschichte bietet insgesamt das Spektakel einer eigenartigen Kehrtwendung. Alles beginnt im 18. Jahrhundert mit dem humanistischen und philosophischen Elan der Aufklärung: Mit dem Willen der politischen und intellektuellen (ob royalistischen, revolutionären oder bürgerlichen ist dabei egal) Klasse, die Gesellschaft zu vergesellschaften und die feudalen Kreise ihrem heterogenen und wilden Leben zu entreißen, um sie in den technischen und gesellschaftlichen Fortschritt einzubeziehen und um den Massen, wenn es sein mußte, mit Gewalt, die Wohltaten der Modernisierung aufzudrängen. Und zwar mit Hilfe des allgemeinen Wahlrechts, der Schule, der Pädagogik und der geistigen oder körperlichen Therapie

(Klinik oder Sport), mit Hilfe von Arbeit und Kapital – alle Kräfte hatten es sich ausnahmslos zur Aufgabe gemacht, die Massen ihrer willkürlichen Lebensweise zu entreißen, um sie zur rationalen und schützenden Form des Sozialen zu bekehren. Das geschah unter Ausschaltung beträchtlicher Widerstände. Keineswegs verführt vom Gedanken dieser Mutation, haben sich die Massen all dem widersetzt, der Medizin, der Technik und der Sicherheit – entgegen allen Annahmen der Politikerklasse haben sie all das nicht gewollt, beziehungsweise nicht sie haben darüber entscheiden können. Und der Kampf, um sie zu überzeugen, hat sehr lange gedauert. Dabei hat es sich um einen *historischen* Kampf gehandelt, denn Geschichte (und vor allem die Geschichte des gesellschaftlichen Fortschrittes) ist eine Geschichte des Widerstands gegen den gesellschaftlichen Fortschritt. Der Erfolg der Modernisierung ist übrigens immer nur relativ geblieben: Und wenn dieser Kampf überall fortgesetzt wird, geht es dabei nicht um die Sehnsucht nach dem Vergangenen oder um eine angeborene Trägheit der Massen, sondern darum, daß absolut nichts den Fortschritt als etwas Wünschenswertes aufwerten kann und daß nichts jemals die Vortrefflichkeit des sozialen Projektes beweisen oder heiligen kann, da dieses immer nur als das Projekt einer bestimmten politischen oder intellektuellen Klasse Bestand gehabt hat.

Heute ist alles umgekehrt. Die Politikerklasse (man beachte, dieselbe, der die Vergesellschaftung der Gesellschaft gelungen ist) will die Massen mit demselben Wunsch, das Beste zu tun (jenseits ihrer eigenen Ambitionen), in eine diametral entgegengesetzte Richtung drängen: die gesellschaftlichen Strukturen dezentralisieren, sich selbst entwikkeln lassen und entlasten, jedem seiner Verantwortung überlassen, jedem eine willkürliche Lebensweise zugestehen und jedem seine eigenen Möglichkeiten geben etc. Und dieses Mal wollen die Massen sich nichts aus der Hand nehmen lassen. Sie halten an den Errungenschaften des Sozialen fest und widersetzen sich dieser liberalen oder »neoliberalen« Befreiung und der Revision all dessen, an das man sie so mühsam angepaßt hat. Und das ist nur logisch. Man sieht nicht ein, warum sie plötzlich einem Dekret der Politikerklasse gehorchen sollten, das sicherlich gut gemeint ist (die soziale Schutzherrschaft ist eine Sackgasse), aber trotzdem doch nur ein neues Dekret der Politikerklasse ist. Nachdem das Wohlergehen der Massen unter dem sozialen Protektorat der Aufklärung gesichert worden ist, nachdem man die Massen übermäßig geschützt hat, will man sie nun übermäßig exponieren. Sie haben von weltweiter Arbeitnehmerschaft unter der Schirmherrschaft des Sozialen geträumt oder zumindest von einer gesicherten Arbeitslosigkeit – und nun soll sich jeder selber seine eigene Beschäftigung schaffen. Daß man zur Arbeit gezwungen wird, geht ja noch – aber daß man sich selber die Art und Weise der Arbeit für seine Existenz suchen soll, das ist doch die Höhe! Kurz gesagt, die Massen sind ebensowenig von dieser neuen Wendung der Dinge überzeugt wie von der früheren. Nachdem man ihnen so lange das Recht auf die Repräsentation und Delegation ihrer Macht aufgezwungen hat, sagt man ihnen jetzt: Ihr seid eure eigenen Repräsentanten, entscheidet euch selber, nehmt euer eigenes Schicksal in die Hand! Keine Frage!

Die Politiker begreifen nicht, daß eine Masse oder ein Individuum sich der Freiheit oder dem Liberalismus mit derselben Kraft und Vehemenz widersetzen kann wie der Unterdrückung – denn wesentlich ist der Widerstand gegen das, was andere für einen denken, ausarbeiten und als Glücksvorstellung präsentieren. In der Politik gibt es niemals einen absoluten Wert: Die Politikerklasse, die die Geschichte macht, repräsentiert vielleicht den »objektiven« Fortschritt in den Begriffen von Freiheit, Glück oder Intelligenz, aber trotzdem hat der Widerstand der Massen (von uns allen) einen gleichen historischen Wert. Und dabei handelt es sich nicht um einen Anti-Fortschritt, sondern um eine Herausforderung von Macht zu Macht, bei der es auch um entgegengesetzte Inhalte (Vergesellschaftung oder Entgesellschaftung) gehen kann, denn die Inhalte haben im Grunde keine Bedeutung – der wesentliche Einsatz ist diese Spannung und dieser immer wiederbelebte Antagonismus. Das Gravitationszentrum der Geschichte ist weder in den Umschwüngen innerhalb der politischen Klasse angesiedelt (zu der man auch die Diskurs- und Aufklärungsprofis, d. h. die Intellektuellen rechnen muß) noch in dem anscheinend für die Aufklärung undurchdringlichen Paganismus der Massen: Die Intensität liegt in diesem unauflöslichen Duell. Deshalb kann die Geschichte kein Ende haben – beziehungsweise wenn man sie unter dem Blickwinkel eines universellen Ablaufes betrachtet –, deshalb hat sie überhaupt noch nicht begonnen.

Wenn wir nicht blind wären, würden wir diese Konfrontation zwischen der Macht zur Mobilisierung und der gleichstarken Macht zur Neutralisierung, diesen Kampf, der viel bemerkenswerter ist als der Klassenkampf, sogar noch der Verwirklichung der schönsten Ideen vorziehen. Jede verwirklichte Idee, jede verwirklichte Utopie wird schrecklich und banal; und man muß allen politischen Klassen mißtrauen – selbst und gerade denjenigen mit den besten Absichten –, die sich in den Kopf gesetzt haben, die Materie zu besiegen (die Trägheit, »die freiwillige Knechtschaft der Völker«) und eine Idee zu materialisieren (die ihres Glücks). In diesem Sinne meine ich es, wenn ich sage, daß ihnen die Immoralität fehlt, das heißt jene zynische und minimale Wahrheit, daß eine Idee niemals und um keinen Preis materialisiert werden darf. Adorno sagt, »daß schließlich aller Rausch inmitten der Versagungen lieber unterbleibt, als durch Verwirklichung an seinem Begriff zu freveln« (*Minima Moralia*, Gesammelte Schriften, Bd. 4, Ffm. 1980, S. 199). Gilt das gleiche nicht auch für das Soziale? Gibt es nicht eine Art von kollektiver Komplizenschaft, die ihre ganze Energie daransetzt, die *Realisierung* des Sozialen zu verhindern, damit der Begriff des Sozialen nicht verfälscht wird und die Hoffnung nicht für immer zerstört wird? Letzten Endes muß man also froh sein über diese Passivität, diese Trägheit und Blindheit, die die Unternehmungen der machthabenden guten Geister und die irdischen Paradiese in heimtückischer, ironischer und triumphaler Weise zum Scheitern bringt.

*

Das Repräsentationssystem ist mattgesetzt. Eine Zeitlang konnte man glauben (eine weitere Illusion der Linken), daß das in einer allgemeinen Stimmenthaltung zum Ausdruck kommen würde – das heißt in einer Apotheose der *kritischen* Indifferenz, die dem Wahlsystem ein Ende bereiten würde. Aber die Wege der Indifferenz sind wesentlich subtiler. Die Mattsetzung des Repräsentationssystems vollzieht sich durch den *Exzeß* von Wählerbefragungen, der sich zum Teil der Demagogie der Regierung verdankt, allerdings nur zum Teil. Am bemerkenswertesten ist das Ansteigen des Interesses an Wählerbefragungen: Die Leute wollen wählen, sie wollen immer öfter wählen, und sie würden am liebsten noch viel mehr wählen. Jeden Tag. Was nicht bedeutet, daß sie eine Meinung hätten oder an die Bedeutung ihrer Stimme glauben würden – ganz im Gegenteil kommt darin das ubuesque Verlangen einer Wahl-Verfressenheit zum Ausdruck: Das Repräsentationssystem wird in gefräßiger und exkrementeller Weise verschlungen und verdaut – man entledigt sich seiner durch einen Exzeß (nicht durch Ablehnung, sondern durch eine Verdauungsstörung) – das ganze System wird in einen riesigen Wanst umgewandelt.[2]

Die Meinungsumfragen sind scheinbar ausschließlich ein Manipulationsinstrument der Politikerklasse. In Wirklichkeit sind sie nur eine Reaktion auf dieses verschärfte Verlangen nach Befragung (ihr habt uns das Repräsentationssystem gegeben, nun wollen wir immer mehr davon haben!). Das Repräsentationssystem und die Legitimität gehen an dieser unaufhörlichen Befragung zugrunde, was allerdings vom Volk mit Wohlgefallen betrachtet wird, da es dem Konsultationssystem (und vielen anderen), dessen Versuchskaninchen es war, lange Zeit entfremdet gegenüberstand, während es heute seine Perversität wie ein Voyeur genießt.

Die Umfragen haben die Wahlen abgetötet, da letztere nur noch ein Spezialfall der Umfragen sind. Sie sind also

[2] Diese Passage ergibt sich durch eine Anspielung auf den riesigen Bauch des »Vater Ubu« von Alfred Jarry. (A. d. Ü.)

ein Instrument der spektakulären Immoralität des politischen Bereiches. Sie sind das schönste Spektakel der Wankelmütigkeit der Meinungen und ihrer Existenz. Sie sind eine derartig vollkommene Inszenierung der Verhöhnung der Meinung und des Repräsentationssystems, daß die Politikerklasse schamhaft beginnt, sich davon zu befreien; aber es ist bereits zu spät: Die Umfragen haben durch den Gebrauch und Mißbrauch der Meinungssimulation mit der Glaubwürdigkeit der Wahlen selber tabula rasa gemacht. Ihre infektiöse Wirkung ist katastrophal (ihre Manipulation durch diese oder jene politische Kraft ist bedeutungslos). Die Repräsentationsspiele sind zu Rausch-Spielen[3] geworden. So sieht man zum Beispiel, wie in einer Fernsehsendung *(Face à vous)* eine Umfrage über ein Umfrageergebnis gemacht wird: »Schreiben Sie uns, ob diese Ergebnisse Ihnen recht sind und ob sie Ihnen überzeugend erscheinen.« Subtilität oder Stupidität? Beides. Genauso wie bei jenen doppelten Umfragen, bei denen eine Mehrheit sich zuerst für einen Kandidaten ausspricht und dann genauso mehrheitlich und spontan die Meinung äußert, daß er geschlagen werden wird. Es ist so, als ob die erfragte Meinung von sich aus die perverse Wirkung der Statistik integrierte und die Zweideutigkeit aller Resultate antizipieren würde. Die Vorgehensweise des Sozialen selber besteht in dieser kontinuierlichen Fluchtlinie und Wechselhaftigkeit von Meinungen, in dieser strukturellen Inkonsistenz, von der die Politiker sich distanzieren, weil sie ihre Prätention dazu verurteilt, zu repräsentieren, was da kommen mag. Aber wie soll man die wankelmütige Volksseele widerspiegeln?

Ein gutes Beispiel aus jüngerer Zeit für diese Wahl-Tragikomödie war Mitterands Vorschlag eines Referendums über das Referendum. Und man hat sofort die Leute befragt, um herauszubekommen, ob sie dafür sind. Und zu 75

[3] Roger Caillois unterscheidet in *Die Spiele und die Menschen* (München, Wien o. J., Paris 1958) vier Arten von Spielen: Wettkampf-Spiele (agôn), Glücksspiele (alea), Verkleidungs- und Verstellungs-Spiele (mimicry) und Spiele des Rausches (ilinx). (A. d. Ü.)

oder 80 % sind sie dafür. Warum nicht? Das wunderbare an diesem Punkt ist, daß die Politikerklasse und die Massen für dieses eine Mal voll und ganz zu Komplizen geworden sind, um aus der Wahlmaschine und aus dem ganzen Repräsentationssystem eine verrückte Junggesellenmaschine zu machen.[4]

*

Werden wir noch lange im Schatten dieser Junggesellenmaschine leben? Das ist nicht gewiß. Der Vorteil einer sozialistischen Regierung bestände darin, doppeldeutige und undefinierbare Ereignisse hervorzurufen, die nicht von einer schlichten Opposition, das heißt von einer Opposition gegen die Linke hervorgerufen werden, sondern durch die Gleichgültigkeit gegenüber der politischen Unterscheidung zwischen der Linken und der Rechten. Wenn die Regierung rechts ist, ist die Opposition klar, sie ist links, und alles, was an Interessantem geschieht, geschieht links. Dagegen hat die Opposition unter einer Linksregierung keine reale Existenz. Und infolgedessen geschieht das, was interessant ist, nicht rechts, sondern *irgendwo*. Daher gibt es zumindest einen objektiven Fortschritt bei dem Übergang von einer Rechts- zu einer Linksregierung: Die Hypothek ist abgetragen – und wenn die kritische Funktion, darin eingeschlossen die radikale und revolutionäre Kritik, abstirbt, können sich statt dessen *doppeldeutige* Ereignisse produzieren, das heißt Ereignisse, die *aus der Indifferenz geboren werden* und nicht mehr aus der Revolte oder aus dem Protest, Ereignisse, die aus der Notwendigkeit entstehen, sprechen zu müssen, auch wenn man nichts zu sagen hat. Das war der Fall bei der Demonstration für die »freie Schule«, und darin liegt sicherlich die Bedeutung des Phänomens Le Pen (s. o.): Hinter all dem steckt keinerlei wahrhaftige Ideologie (sogar die Menschenrechte, die »Freiheiten«, bezeichnen tatsächlich den Nullpunkt der Ideologie) und keinerlei wirkliche politische Konsequenz. Zu anderen

[4] Vergl. *Junggesellenmaschinen/Les machines célibataires*, Hrsg. H. Szeemann, Ausstellungskatalog 1975. (A. d. Ü.)

Zeiten hätten ein oder zwei Millionen Menschen auf den Straßen von Paris die politische Welt erschüttert: das wäre die Truppenstärke für eine Revolution gewesen. Aber nichts davon: es handelte sich nur um Pilger einer großen Wohltätigkeitsveranstaltung; und ohne daß sich irgend jemand groß gerührt hätte, hat sich die Frage zwei Monate später durch einen ministeriellen Taschenspielertrick in Luft aufgelöst. Ein bedeutendes Ereignis, das aber dennoch nur ein harmloses Ereignis war, ein freundliches Ereignis. Wir befinden uns in der Ära der freundlichen Ereignisse; so war bereits der Auftritt unseres Sozialismus im Vergleich zu seinem eigenen historischen Modell zweifellos ein freundliches Ereignis. Aus der Indifferenz geborene Ereignisse, ausschließlich aus dem Willen nach Veränderung (wie man die Indifferenz schamhaft bezeichnet), aus der Lust, sich irgend etwas anzusehen, »um zu sehen« – an der Seite von Mitterand wie an der Seite von Swann. Überdies gibt es im politischen Ästhetizismus der Sozialisten einen gewissen Madeleine-Duft.[5]

Was in den letzten Jahren verlorengegangen ist oder sich verwischt hat, ist die Klangfarbe der Ereignisse, der kleine, einzigartige und wunderbare Effekt, der bei einigen von ihnen eine paradoxe und originelle, wenn nicht gar explosive Situation herstellte. Mir scheint (ich sage absichtlich: mir scheint), daß es in den letzten zwanzig Jahren, in den sechziger und siebziger Jahren, eine Vielzahl von Anhaltspunkten und Peripetien gegeben hat, die einen geistvollen, paradoxalen Charakter aufwiesen, eine Transversalität, einen rätselhaften Charakter.

Der Mai 68 war ein Ereignis dieser Art: rätselhaft, wenig historisch, aber mit der Kraft des Nicht-Sinns, eine reine Wirkung aufgrund einer plötzlichen Kristallisation, die quasi konsequenzlos war (bis auf den Effekt der Verzögerung des Sozialismus), aber intensiv, ein guter Moment, der alles in allem eine einzigartige Klangfarbe hatte.

[5] Die letzten Zeilen beziehen sich auf M. Prousts Roman *Auf der Suche nach der verlorenen Zeit*, in dem Swann eine Hauptrolle spielt; »Madeleines« sind ein bestimmtes Biskuitgebäck, das die eigentliche Hauptfigur Marcel zu gewissen Kindheitserinnerungen inspiriert. (A. d. Ü.)

Es hat den Anschein, als ob diese ein wenig wunderbare Entwicklung der Ereignisse vollkommen verschwunden wäre und daß die Ereignisse keine energetischen Konsequenzen, keine Elastizität und keine Rückwirkung mehr haben. Liegt das daran, daß der Boden zu schwammig ist, oder daran, daß unsere Kontrollschirme all die Strahlungen viel zu früh absorbieren? Der Sozialismus ist somit ein geschlechtsloses *Klon-Ereignis* ohne Klangfarbe, das sich schlichtweg aus der Geschichte Frankreichs entwickelt hat. Das gleiche kann man über Polen sagen, wo die einzelnen Episoden sich auf der Grundlage einer beängstigenden Monotonie abspielen. Weder die Courage noch die Entschlossenheit der Handelnden steht zur Diskussion, sondern die Erscheinungsmodi des Ereignisses selber: der Resonanzboden der Geschichte funktioniert nicht mehr, allein die künstlichen Tonstudios senden mit voller Lautstärke; in ihnen wird das Ereignis im voraus konzipiert, zurechtgestutzt, decodiert und gleich mit Gebrauchsanweisung geliefert: eine Präzession der toten Geschichte gegenüber der lebendigen Geschichte. Wer könnte sich an ein Ereignis in den letzten Jahren erinnern, das einen überrascht hätte und das nicht Bestandteil einer grausamen Routine oder einer entsprechenden ritualisierten Solidarität gewesen wäre?

Der Terrorismus interessiert uns nicht mehr und – wie einmal gesagt werden muß – auch das Dissidententum nicht. Früher war der kritische Intellektuelle der Herold der Negativität, heute ist er zum Possenreißer der Dissidenz geworden. Man muß begreifen, daß die Ereignisse kraftlos sind, und man darf sich nicht damit bescheiden, zu sagen, daß sie »falsche Antworten auf richtige Problemstellungen« sind. Gegenwärtig ist das Problem der Schule ein falsches Problem, während die Demonstration für die »freie Schule« dagegen eine *richtige* Antwort ist. Eine Antwort auf die Indifferenz selbst der politischen Signifikationen, auf die Insignifikanz der Schule als Vorbereitung auf eine Kultur, die es nicht mehr gibt; eine Antwort auf die zunehmende Indifferenz der Eltern/Kind-Beziehungen (eben deshalb *wollen* die Eltern die Schule für ihr Kind auswählen: Auf diese Weise können sie zumindest einen

Wunsch ausdrücken). Kurz gesagt, auf der Grundlage radikaler Indifferenz klammert man sich daran, auf die geringste Differenz zu hoffen. Auf diese Weise löst heutzutage jeder die Frage seiner Identität. Ob es nun die Homosexuellen sind oder die Lastwagenfahrer, die politischen Parteien oder die Gewerkschaften, jeder entrüstet sich gegen den Staat, der von nun an die Indifferenz verkörpert (die modernen Demokratien unterscheiden sich von den totalitären Regimen nur dadurch, daß letztere die Endlösung nur in der Vernichtung sehen, während die Demokratien sie in der Indifferenz realisieren), jeder mobilisiert seine kleine, seine allerkleinste Differenz. Eine Identitätsfrage. Aber das führt nur zu kraftlosen Ereignissen, denn die Identität ist nur ein armseliger Wert, ein differenzieller Wert aufgrund eines Mangels, auf den wir durch die allgemeine Indifferenz reduziert werden. Die Forderung nach Identität ist nur das Gegenstück zu dahingeschiedenen Ideologien.

Das Goldene Zeitalter der Differenz ist vorbei, auch in der Philosophie, wie ich meine. Das Goldene Zeitalter der Indifferenz beginnt: Erkaltung des öffentlichen Geistes, Differenzlosigkeit der politischen Szene, die verschärfte Forderung nach Identität auf der Basis allgemeiner Indifferenz. Nicht mehr der Stolz auf eine Differenz, die auf rivalisierenden Qualitäten beruht, sondern die *Reklame*-Form der Differenz, die Anpreisung der Differenz als Spezialeffekt und als »gadget«. Das gilt auch für die politische Sphäre: jeder Politiker, jede Partei, jede Rede und der »kleinste Spruch« ist vor allem sein eigenes Werbe-Objekt – alle Mechanismen der Obszönität (denn gerade in diesem Bereich zeigt sich die Entwicklung der Obszönität unserer Gesellschaft), die früher an den Objekten erprobt wurden, werden heute an den Ideen und an den Menschen getestet.

Obszönität bedeutet vor allem den Verlust einer Szene, einer szenischen Illusion, und somit den Verlust des Geheimnisses, das eine Handlung auslöst (auf sexueller Ebene bedeutet Obszönität den Verlust der szenischen Illusion des Begehrens zugunsten einer Zurschaustellung und direkten Promiskuität der Körper). Die an jeden von uns gerichtete Aufforderung, seine Identität, seine Qualifikation, seinen »look« und seine Differenz zur Schau zu stellen, ist obszön. Die Unmittelbarkeit aller Handlungen, aller Botschaften und die Simultanität aller Ereignisse und aller Diskurse in der Information ist ebenso wie die Simultanität aller Werke in den Museen obszön. Allen, die die Informations- und Kommunikationsgesellschaft befürworten, weil das zum Katechismus des Jahres 2000 gehört, muß gesagt werden, daß diese Kultur der Information und der Kommunikation eine pornographische Kultur ist, das heißt eine Kultur ohne Geheimnis. Und gerade unter dieser Überschrift kann sie sich weltweit ausbreiten. Man hat festgestellt, daß die einzige weltweit verbreitete Literatur die pornographische Literatur ist. Und das ist keine Frage des Sex: der Porno ist unsere wahre Kultur, weil die weltweite Verbreitung der Kultur selber pornographisch ist. Das gleiche kann man über unsere politische Kultur sagen: die Obszönität charakterisiert alle Dinge, die von einer geheimen Zirkulation in eine offene Zirkulation übergehen. Damit es Öffentlichkeit gibt, muß es Geheimnisse geben. Damit es einen öffentlichen Geist geben kann und somit eine politische Form, muß es ein Geheimnis der Handlungen, Willen und Diskurse geben – nicht nur eine geheime Qualität all dessen, sondern eine geheime Verteilung, eine geheime Zirkulation, das heißt eine geheime Rivalität bei der Handlung und eine geheime Komplizenschaft im Hinblick auf die Spielregel. Kein öffentlicher Geist kann der nackten Kommunikation, der Erpressung zur Information und der reklamehaften Zurschaustellung der Identitäten und Differenzen widerstehen.

Moralische Gegenanklagen sind an diesem Punkt völlig sinnlos. Diese Obszönität ist irreversibel. Sie kann sanfte Züge annehmen und sich mit ästhetischen Qualitäten bemänteln. Aber sie kann überall immer nur die Transluzidität der Mode annehmen, die Transluzidität aller Dinge, die modern sind und sich nach Modellen organisieren. Was anderes ist der »look« als diese transluzide und barocke Identität, die Abtötung des menschlichen Wesens und seines natürlichen Schmuckes in dem Spiel der Spezialeffekte? Ganze Filme, sogenannte »Qualitätsfilme«, sind zu

Werbeobjekten geworden. Zum Beispiel *Auf Liebe und Tod* von Truffaut oder *Die Frau von Nebenan*: die ganze Klasse der Mischkultur aus techno- und psychologischen *gadgets* – eine Kultur, die eine Form von Begehren hat, die der Luft von Satie in Form einer Birne vergleichbar ist –, die Klasse der Kader, die auf das Funktionieren ihres eigenen Gehirns setzen, weil man ihnen gesagt hat, daß es einem Computer ähnlich ist, die auf den Ausdruck ihres eigenen Begehrens setzen, weil man ihnen gesagt hat, daß ihr Unbewußtes wie eine Sprache strukturiert ist – dieser ganze Werbeglimmer einer Subkultur, die bis zu den Tränen gerührt ist, daß sie so gefragt ist, die voll vom Businessgeist durchdrungen ist, angereichert wie Uranium, verschönt durch die Reste von Selbstverwaltung und durch das Prestige der Kommunikation: all das spiegelt sich in der schönen Fratze von Fanny Ardant und auch im modernistischen und für sich selbst werbenden Stil von Truffaut wider.

Sie suchen also nach Tiefe? Nein, keine Tiefe, denn diese endet immer an der Oberfläche und führt zu Obszönität. Keine Tiefe, sondern Geheimnis. In einer Szene, die dem Obszönen und der Information ausgeliefert ist, gibt es keine Möglichkeit für das Geheimnis mehr. In einer Gesellschaft, die der Kommunikation ausgeliefert ist, gibt es keine Möglichkeit mehr zu schweigen. In einer Gesellschaft, die der Veränderung ausgeliefert ist, gibt es keine Möglichkeit mehr für ein Schicksal. In einer Gesellschaft, die dem simulierten Tausch von Differenzen geweiht ist, gibt es für ein Risiko oder für eine wirkliche Herausforderung keine Chance mehr. In einer Gesellschaft, die der Heiligung des Sozialismus geweiht ist, gibt es keine Verdammung mehr.

Bataille sagt uns, daß es keine Gesellschaften ohne einen »verfemten Teil« gibt (vergl. Georges Bataille, *Die Aufhebung der Ökonomie*, München 1985, S. 33 ff.), das heißt etwas, von dem man sich befreien muß, das man loswerden muß, weil es sich sonst von einem selbst befreit. Man braucht etwas *Geopfertes*. Es kann nicht alles nützlich sein und konsumiert werden, deshalb wird die Verschwendung notwendig; es kann nicht alles moralisiert und rationalisiert werden, deshalb braucht man etwas Immoralisches; es kann nicht alles gesagt werden, man braucht das Schweigen; man kann sich nicht an alles erinnern, man braucht das Vergessen, etc. All das ist unseren schönen Seelen von Soziologen und Sozialisten zuwider, die es sich zur Aufgabe gemacht haben, diesen verfemten Teil auszurotten, beziehungsweise anzupassen und zu zähmen wie Strafgefangene. Unser gegenwärtiger verfemter Teil besteht vielleicht in jener Indifferenz, in der Ablehnung des Politischen, in diesem im Schweigen der Mehrheiten geschlossenen Pakt und in dem dumpfen und irrationalen Widerstand, bei dem sich weitere Komplizenschaften anbahnen und dem kein Gesellschaftsvertrag und keinerlei politische Anstachelung jemals gerecht werden kann. Und die Idee, diesen verfemten Teil anzupassen und dieser Geheimgesellschaft (mit Hilfe von Mikromedien oder Menschenrechten, mit Hilfe von audio-visuellen Methoden oder Freiräumen oder sonst irgend etwas – all diese Stereotypen des aktuellen Evangeliums) das Stadtrecht zu verleihen, die Idee, dieses Schweigen zu beseitigen und das Soziale von diesem Fluch zu reinigen, der sich der Transparenz widersetzt und seine Kraft nur aus dem Geheimnis bezieht – diese Idee entstammt der grundsätzlichen Sinnwidrigkeit des Politischen. Die Unkenntnis dieser verborgenen Spielregel verdammt den Sozialismus zum Scheitern, denn der Aufruf an die öffentliche Moralität oder an die kollektive Verantwortlichkeit ist ein hoffnungsloser Versuch.

Aber vielleicht sind wir bereits vollkommen in den verfemten Teil eingegangen, vielleicht ist die ganze Gesellschaft zu diesem verfemten Teil geworden. Gibt es hinter diesem Exzeß von Nachrichten und Information nicht nur noch Geheimnis und Schweigen? Wie Heidegger sagt: »Blicken wir in das zweideutige Wesen der Technik, dann erblicken wir die Konstellation, den Sternengang des Geheimnisses.« (M. Heidegger, Die Technik und die Kehre, Pfullingen 1962, S. 33)

Canetti sagt irgendwo, daß das wirklich Enttäuschende an der Demokratie, in der niemand Entscheidungen trifft und wo alle über alles reden, aus dem Fehlen des Geheimnisses herrührt. Er fügt sogar noch hinzu, daß ein guter Teil des Prestiges, das den Diktaturen anhaftet, dadurch entsteht, daß man ihnen die konzentrierte Kraft des Geheimnisses zuspricht, die sich in den Demokratien in alle Winde aufgelöst hat. Unsere »Ablehnung des Politischen« ergibt sich also nicht so sehr aus der Nichtigkeit dessen, was dort geschieht, als aus der Enttäuschung über das Fehlen des Geheimnisses. Weil es kein Geheimnis gibt, verfallen die Leute in Schweigen. Weil man ihnen alles sagt und weil man ihnen alles verständlich machen will, verfallen sie in Schweigen. Daher verschwindet mit dem Sozialismus die Aura des Politischen. Mit dem Anspruch auf Tugend- und Ernsthaftigkeit werden alle Entscheidungen offen getroffen und ebenso offen wieder dementiert. Die Sozialisten haben es sich zur Aufgabe gemacht, das Genie der List, der Spitzfindigkeit und der Intrige sowie das Genie des äußeren Scheins und des Anscheins, welches zumindest den Eindruck erweckt, daß auf der Ebene des Politischen etwas geschieht, und welches diese Illusion am Leben erhält, zu zerstören; sie wollen die moralische Szene des Politischen mit neuem Glanz versehen. Dabei wird allerdings nur die Armseligkeit dieser Szene und ihrer Akteure deutlich, die Armseligkeit dieser offenherzigen Tragikomödianten der Politik, die gerade durch diese moralische Prätention noch heuchlerischer wirken. Diese Treuherzigkeit kleidet sich viel zu oft mit dem Mäntelchen der Dummheit, das heißt der Erklärung, der Pädagogik, der Ermahnung und der Rechtfertigung. Aber das Volk ist nicht dumm. Es will zwar getäuscht werden, aber auf intelligentere Weise, als es selber ist. Es will nicht, daß man sich täuscht, um es zu täuschen. Aus Anerkennung für die minimale Intelligenz, die zum Lügen notwendig ist, beugt es sich zwar freiwillig der Lüge, aber es duldet keine Verdrehung der Wahrheit, da es um die minimale Blödheit weiß, die notwendig ist, um daran zu glauben. Die wesentliche Stärke des Volkes liegt darin, daß es an nichts glaubt, und insbesondere nicht daran, das »Volk« in dem Sinne zu sein, wie andere es sehen; es glaubt daran ebensowenig, wie Kinder daran glauben, Kinder zu sein.

Wenn die Glaubwürdigkeit der Politikerklasse entschwunden ist, so liegt das daran, daß diese an die Willensbekundung eines Volkes glaubt, das keinen Willen hat und das von seinem eigenen Willen nur eine flottierende Vision und von der Politikerklasse eine narkotisierende Vision hat.

Man hat immer darauf gesetzt, daß das »Volk« eine gewisse Anzahl von unmoralischen Eigenschaften hat: mangelndes Vertrauen, Wankelmütigkeit, Verschlagenheit – keine Strategien, keine Kriegslisten, keine Moral, nur Firlefanz im Kopf – Gleichgültigkeit und Verstellung, und das muß wohl stimmen. Und würde es nicht viel besser durch eine politische Klasse, die seinem Bild entspricht, repräsentiert werden (wenn das schon sein muß)?

Die Ablehnung des Politischen wäre immer noch ein politischer Affekt, das heißt ein Zeichen von größerer Leidenschaft und liebevollem Verdruß. Aber heute sind wir von politischen Subjekten ganz unmerklich zu Subjekten geworden, denen das Politische gleichgültig ist. Mehr noch: das Politische selber wird objektiv gleichgültig, beziehungsweise indifferent, denn es ist sein Schicksal, *sich selber gleichgültig zu werden*. Die Politikerklasse ist selbst in ihren eigenen Augen weder glaubwürdig noch von ihrer eigenen Größe überzeugt (und gerade das machte früher ihren Charme aus). Man braucht sich nur anzuschauen, wie die Leute im Elysée-Palast in den zerrissenen Kleidern der Macht umherirren und nach neuen Formen für einen protokollarischen »look« suchen, um zu begreifen, daß die Macht sie nicht allzusehr in Anspruch nimmt. Sie wollen gerecht sein und handeln, ohne es zu wollen, doch nur willkürlich. Sie haben nicht begriffen, daß der Mangel an Stolz die Mechanismen der Macht kaputtmacht. Sie machen sich über ihre eigenen Entscheidungen keine Illusionen und huldigen doch nur der Geschichte Frankreichs.

Mitterand in einer seiner letzten Reden: »Ich habe den Eindruck, daß die Franzosen den Film, den man ihnen vorspielt, nicht mögen . . . Aber der von früher war auch nicht besser.« Endet das französische politische Leben also als ein »Filmstreifen«? Hat dieses nur die Wahl zwischen dem langen Spielfilm der Rechten und dem Kurzfilm der Linken? Wird ganz Frankreich in ein Kunst- und Probefilmstudio verwandelt? Hat man jemals eine Macht gesehen, die sich von vornherein mit der völligen Desillusion über ihre eigene Regierungsbefähigung abgefunden hat?

*

Das künstliche Paradies der Rechten war der Überfluß. Das künstliche Paradies der heutigen Linken ist die Krise. Das Vorgefühl und der Beginn der Krise in den siebziger Jahren haben die sozialistische Partei wieder mit neuem Leben erfüllt, nachdem man schon geglaubt hatte, sie wäre endgültig gestorben. Die Krise bleibt ihre beste Überlebenschance.

Jedermann hat sich mit der Krise als einem gespenstischen Realitätsprinzip abgefunden. Im Grunde glaubt zwar niemand daran, aber alle wollen auf ihre Glaubwürdigkeit vertrauen, beziehungsweise auf die Wahrscheinlichkeit und Hoffnung angesichts einer unmittelbar bevorstehenden Katastrophe des ganzen Systems, in der Krise einen »historischen« Kompromiß zu finden. Die Krise bietet die Möglichkeit, die Katastrophe in homöopathischen Dosen zu verabreichen – nur die undefinierbare Entwicklungsweise der Krise kann uns die Evidenz unseres eigenen Endes ersparen; und wunderbarerweise dient sie gleichzeitig allen Regierungen als politisches Alibi.

Man wird den Arabern für ihren Gewaltakt oder für ihren Theaterstreich mit dem Ölboykott niemals genug danken können, der uns wieder in eine Mangelsituation zurückversetzt hat, das heißt in die Krise und somit in die andauernde Sehnsucht nach dem Wachstum. Die wohltuenden Wirkungen sind unmittelbar spürbar geworden: alle westlichen Nationen sind kollektiv von einem Anwachsen der Moralität ergriffen worden, und die Glaubwürdigkeit der Führer, die beinahe überall nach den Höhenflügen der sechziger Jahre am Sinken war, ist durch die Verwaltung der Krise wieder gestiegen. Indem die Araber der energetischen Utopie des Wachstums ein Ende gesetzt haben, haben sie uns die symbolische Energie der Härte und des Mangels verschafft; vermittels der Krise haben sie uns ein Realitäts- und Regierungsprinzip gegeben. Ob sie nun real ist oder nicht, wir müssen liebevoll über diese Krise wachen und sie pflegen, ohne sie zu lösen, denn sie könnte sehr wohl etwas viel Schlimmeres verbergen. Zweifellos unterstehen wir bereits seit langem einem ganz anderem Regime als dem des Wachstums, nämlich dem Regime der Auswucherung oder Exkreszenz, dessen Auswirkungen unberechenbar sind.

Wenn es nur die Krise gäbe, könnte man sich vorstellen, ihre Lösung in der Formel zu finden, über die sich heute alle Welt streitet: Abschwächung der direktiven Strukturen zugunsten interaktiver Strukturen, Deprogrammierung des Ganzen und gleitende Reprogrammierung der Mikro-Einheiten, vorsichtige Sozialisierung sowie Software und Selbstregulierung. Wie durch einen Zufall geht diese wunderbare Zukunftsaussicht Hand in Hand mit der Entdeckung folgender Dispositive auf der Ebene komplexer Organismen durch die Physik und die Biologie: Molekularkybernetik, Mikroprogramme, aleatorische Dispositive . . . In bezug auf diese neue gesellschaftliche Zukunftsaussicht werden wir also, was den Menschen, sein Gehirn und seine Umwelt betrifft, von der fortgeschrittensten Wissenschaft abgesichert. Gegen diese Erkenntnisse der Wissenschaft (die zweifellos auch nicht mehr von Schwärmerei und Modeerscheinungen frei sind) gibt es nichts einzuwenden, aber man muß sich voll und ganz gegen die Idealverbindung von diesem szientifischen *Modell* mit einer zukünftigen Gesellschaftsform, die dieses Modell angeblich vorwegnimmt, wehren. Man muß sich daran erinnern, daß andere, auch »wissenschaftliche« Modelle früher bereits zu gesellschaftlichen Organisationsformen geführt haben, die wir heute ablehnen. Man muß sich grundsätzlich davor hüten, den gesellschaftlichen Menschen, den öffentlichen und den politischen Menschen mit der kybernetischen Wahrheit seiner Zellen oder seines Gehirns in eins zu setzen. Das ist die letzte und subtilste aller Ideologien, die in das politische Imaginäre eindringen. Es heißt, eine Gerade kann nur zwei

Punkte miteinander verbinden. Wenn man Menschen, Orte und Ideen durch eine Gerade verbindet, sind sie nur noch Punkte. Wenn man sie durch ein Interaktionsnetz verbindet, sind sie nur noch Zellen (oder Moleküle oder Terminals)! Wenn man sie durch einen Laserstrahl verbindet, sind sie nur noch Lichtpunkte ... Das ist die Rache der Analogie. Und wenn man aus den Menschen interaktive Zellen mit autonomer Programmierung machen will, unterliegt man einer Fehleinschätzung des Krebses: dieses Wucherungsphänomen in großem Maßstab, diese delirierende und endlose Selbstprogrammierung der Zelle durch sich selber. Vom Netz zur Metastase ist niemals ein weiter Weg.

Diese Futurologie der Zusammenschaltung, des Kontakts und der Netze versetzt uns in eine gewisse Betroffenheit. Immerhin ist es ein amüsantes Paradox, zu beobachten, wie die nationalen Fernsehanstalten die Heim-Telematik (siehe Kap. II, Anmerkung 4) oder das Stadtteil-Kabelfernsehen preisen oder wie die großen Medien von den Mikro-Medien schwärmen ... doch gehen wir weiter. Am bedenklichsten ist es, daß es in diesem Interaktionsgeblubber nicht die geringste Spur eines neuen politischen Raumes oder eines neuen Öffentlichkeitsgeistes gibt. Wie Hannah Arendt sehr gut darstellt, wäre letzteres nur durch eine Handlung oder durch die Energie einer Handlung denkbar, die mit Hilfe der Energie eines Diskurses erdacht wird. Denn es hat den Anschein, daß die Interaktion im Sinne der Kommunikationsmedien das Ende der Handlung in politischem Sinne bedeutet. Jede Energie wird heute im Hinblick auf die Zielsetzungen der Zirkulation eingesetzt, das heißt im Hinblick auf Ausstrahlung, Verbreitung, Unterstützung und Rückwirkung von Systemen und die maximale Zirkularität des Austausches wie innerhalb einer biologischen Einheit. Dagegen ist die minimale Voraussetzung für ein politisches Wesen die Trennung von diesem biologischen oder bio-informatischen Wesen und die Aufnahme eines damit brechenden Diskurses, einer Diskurshandlung (eines »Logos« und nicht eines »Bio-Logos«), der die höhere Komplizenschaft eines öffentlichen Raumes begründet und der im Inneren dieses Raumes eine höhere Rivalität als die der Promiskuität und des Überlebens ermöglicht. Wenn es eine politische Freiheit gibt, so zeichnet sie sich eben dadurch aus und nicht durch eine gleichzeitig nervöse und hysterische, vage informatische Gesellschaftlichkeit, bei der alle Moleküle gleichzeitig in Bewegung sind und in der wir im Begriff sind, mit den Mitteln der Hochtechnologie die Bedingungen der Brownschen Molekularbewegung nachzubilden.

Wer von der Brownschen Molekularbewegung spricht, meint Entropie. Man kann sich fragen, ob unser Informations- und Kommunikationsüberfluß nicht paradoxerweise die Entropie verschärft. Vielleicht bringt die Informatik, im Gegensatz zu dem, was man von ihr hält, nur die *rückwärtsgewandte* Allmacht unserer Technologie zum Ausdruck; das heißt eine unendliche Möglichkeit zur Behandlung des Vorhandenen, aber eben nur des *Vorhandenen*, und keineswegs die Möglichkeit einer *neuen* Sichtweise oder Zweckbestimmung. Mit der Informatik treten wir in die Ära der Erschöpfung ein – und somit in eine Ära der Zerrüttung. Die allgemeine Interaktion schafft die einzigartige Handlung ab – die allgemeine Zusammenschaltung (interface) vernichtet die Herausforderung, die Leidenschaft, die Rivalität der Ideen, die Völker und die Individuen, welche immer die schönste politische Energiequelle gewesen sind.

Sicherlich befinden wir uns nicht mehr im Zeitalter der Bürokratie. Die Bürokratie hatte den besten Anwendungsbereich für ihre kadaverhafte Rigidität im sozialen und politischen Bereich gefunden. Wir haben etwas Besseres gefunden: die kadaverhafte Biegsamkeit, die früher bereits die aktiven Jesuiten[6] auszeichnete, welche biegsam wie Kadaver waren und die göttliche Gnade in den weltlichen Netzen zirkulieren ließen. Heute hat die Elektronik die

[6] In den Konstitutionen der Jesuiten heißt es: »Ein jeder sei überzeugt, daß diejenigen, welche unter dem Gehorsam leben, von der göttlichen Vorsehung durch Vermittlung ihrer Vorgesetzten sich ebenso bewegen und regieren lassen müssen, wie wenn sie ein Leichnam wären (perinde ac si cadaver esset).« (A. d. Ü.)

Gnade ersetzt, sie zirkuliert in den halb-tetanischen und halb-flüssigen Netzen des riesigen, biegsamen und geschmeidigen Kommunikationssystems, das uns als Antriebskraft dient. Von der Kommunikation zur Mortifikation? Denn die gleiche Strategie wie die der Jesuiten, die der Gleichmütigkeit und Indifferenz, vollbringt Wunder.

Die Informatik beinhaltet weder für die Lebensformen (was ist eine Lebensform?) noch für die »sozialen Beziehungen« eine Revolution. Allenfalls ist sie eine Revolution in dem Sinne, daß sie einen zweideutigen Charakter aufweist: den eines phantastischen Versprechens und eines lächerlichen Ergebnisses. Jedenfalls kann man nicht sagen, daß sie eine gewollte Revolution ist. In der pharaonischen Ära der Schloß-Technokraten hat man die Nachfrage niemals so sehr forciert, angestachelt und vergewaltigt wie im Informationsbereich (die Einführung von TELETEL[7], aufwendige Werbung und unendliche Belehrungen zum Gebrauch von Heimcomputern . . .). Abgesehen von den großen Unternehmen und Verwaltungen und, natürlich, vom Militär, welche einen umfangreichen bürokratischen, lexikalischen, archivarischen, memorativen und statistischen Gebrauch von Computern machen, und abgesehen von den Kindern, die sie ausschließlich zu spielerischen Zwecken einsetzen, fragt man sich wirklich, wozu der Heimcomputer gut sein soll. Er ist wirklich der erste Gegenstand der Moderne, bei dem sich jeder fragt, zu was er nütze sein soll. In diesem Sinne markiert er zweifellos das Ende der Konsumgesellschaft, denn diese war noch (wie die politische Szene) ein Spiel des großen Spektakels, ein sanfter Wahn der Gegenstände und der Bedürfnisse. Die Konsumgesellschaft hatte noch den diskreten Charme der Entfremdung, und die Revolte war ebenso wie die exzessive Subversion und spektakuläre Verhöhnung all dieser Gebrauchswerte eines ihrer Bestandteile.

Die neue Gesellschaft verspricht eine andere, eiskalte und nicht spektakuläre Funktionsweise. Die Operationali-

[7] TELETEL ist der Name eines telematischen Informationssystems für den Privatbedarf. (A. d. Ü.)

tät hat den Gebrauch ersetzt; der Kontakt, die Zusammenschaltung und die Promiskuität der Information ersetzen den Reiz der Transzendenz (an dem die theoretische und kritische Analyse Anteil hatte). Absolute und exzessive Promiskuität. Simultaneität aller Punkte des Raumes, der Zeit und der Menschen unter dem Zeichen der Unmittelbarkeit der Lichtgeschwindigkeit: Es gibt keine Sprache mehr. Es gibt keine Oberfläche mehr (wie schön war doch die Oberfläche in den Zeiten der Tiefe!), es gibt keine Entfernung mehr (wie schön war doch die Nähe in den Zeiten der Entfernung!) und es gibt keine Scheinformen und Dimensionen mehr: Zusammenschaltung (interface) und Transparenz. Man spricht von einer Vermitteltheit der menschlichen Beziehungen. Man sollte eher von einer Kuppelei der Information, der Ströme und Kreisläufe sprechen, die eine direkte Nähe aller Orte und aller menschlichen Wesen untereinander herstellen; man sollte lieber von einer Zirkularität der Fragen und Antworten und der Probleme und Problemlösungen sprechen. Die Skatologie der Information: Der Traum der absoluten Leitfähigkeit kann nur exkrementell sein.

Gibt es in all dem neue Freiräume? Nur die Programmierung ist frei. Früher dachte man, daß das Individuum entfremdet sei, weil andere (der Staat, die Macht) ihm jegliche Information über sich selber verweigern. Das ist der erschreckende Gedanke von Orwells Mythos in *1984*. Aber die Dinge haben eine andere Wendung genommen. Heute bekommt man eine Ahnung von der Wahrheit, daß das Individuum nicht so sehr durch die Tatsache entfremdet wird, daß man alles über es weiß, sondern dadurch, daß es gezwungen wird, alles über sich selber zu wissen. Die Information, der Überschuß an Informationen über uns selber ist eine Art von Elektrokution (man denke an Exekution – A. d. Ü.). Sie produziert eine Art von andauerndem Kurzschluß, bei dem das Individuum seinen Stromkreis verbrennt und seine Widerstandsfähigkeit verliert. Die grundlegende Immunität eines Wesens liegt in seiner Nicht-Transitivität, in seiner Nicht-Leitfähigkeit für die vielen Ströme, die es umgeben, und in seinem Geheimnis und in der Unkenntnis, in der es sich über sein eigenes Geheimnis befindet. Es ist kein Zufall, wenn heute überall der Verlust der immunisierenden Abwehrkräfte mit dem Informationsüberfluß zusammenfällt.

Was für das Individuum gilt, trifft auch für das gesamte System zu. Der Punkt Omega eines Systems ist der Punkt einer reinen Zirkulation von Energien und Informationen, die eben gerade deshalb der Indifferenz und dem Tod geweiht sind. Aufgrund der andauernden und immer engeren Zirkulation (Larsen-Effekt, Zusammenstoß von Ursachen und Wirkungen, Aufhebung der Distanzen) wird in einem solchen System jeglicher Austausch unmöglich. Jede Partikel fürchtet sich vor dem einzig möglichen Ereignis: die Begegnung mit der äquivalenten Anti-Partikel, bei der es vernichtet wird. Nach einer bestimmten Phase, die charakteristisch für dieses Ende der Tauschvorgänge ist, gelangt jedes System an diesen fatalen Punkt. Es ist also möglich, daß die Umkehr des ganzen Systems unmittelbar bevorsteht (und vielleicht auch der Punkt Alpha eines anderen Dispositivs?).

Was immer es nun mit dieser Fatalität der Information auf sich hat, für die bereits alle Symptome vorhanden sind und die von der optimistischen und delirierenden Sichtweise des guten Willens schlichtweg hinwegdiskutiert wird, wir sind ihr anscheinend unwiderruflich ausgeliefert. Da helfen keine Tränen. Jedenfalls sollte man nicht von vornherein die Furcht verdammen und verächtlich machen, die uns angesichts dieser wunderbaren informatischen und kybernetischen Kultur der Veränderung erfassen kann, welche jeden zu jedem Zeitpunkt dazu zwingt, nicht seine Genuß- und Lebens-*Möglichkeiten* (das ist die Freiheit!), sondern die *Wahrscheinlichkeit* des Überlebens in einer aleatorischen und sich ständig verändernden Welt neu zu bewerten. Dieses Spiel ist zwar für die Privilegierten der Info-Kultur hochgradig erregend, aber nicht so sehr für die anderen, für die Masse der anderen, die ständig Gefahr laufen, in die Ecke der dritten, informatischen Welt gedrängt zu werden, und die sich damit abmühen, eine ideale Autonomie bei der Organisation ihrer eigenen Angelegenheiten zu finden – denn darin besteht die »Freiheit« in einem indeterminierten Universum. Die moderne, beziehungsweise »postmoderne« Form von Freiheit ist möglicherweise unakzeptierbar. Auch die Verantwortlichkeit jedes einzelnen angesichts der probabilistischen Organisation seines eigenen Lebens und angesichts seines permanenten eigenen Recyclings ist möglicherweise unakzeptierbar. Und dabei handelt es sich nicht um einen nostalgischen Widerstand, wie die Propheten der neuen Gesellschaft des Jahres 2000 glauben machen wollen. Zwar begeistert sich alle Welt über das Verschwinden der archaischen Formen der bürokratischen Macht und über die »Liberalität« (eben nicht Freiheit) einer dezentralisierten Gesellschaft, aber man kann darin auch eine Art von Rache des sich auflösenden Staates sehen, der die bürgerliche Gesellschaft oder das, was davon übriggeblieben ist, vernichtet, indem er in sie einsickert, der jedes Molekül dieser Gesellschaft neutralisiert, indem er sie programmiert und sie für seine eigenen Zielsetzungen verantwortlich macht. Der transluzide, politisch abwesende Überläufer-Staat wacht immer noch über die transparente, verkabelte und sozial abwesende bürgerliche Gesellschaft.

Sicherlich ist es für uns von Vorteil, wenn wir uns nach und nach von dem Greuel des Politischen und des Staates befreien (wenn die Entwicklung überhaupt in diese Richtung geht, denn die Megastrukturen der Technologie, der Finanzwelt, der Wissenschaft und der Armee leisten gegen die Beseitigung dieses Ballastes heftigen Widerstand und tun vor allem nichts anderes, als sich selber zu verstärken), aber das geschieht zweifellos zugunsten eines anderen Greuels – nämlich zugunsten der Veränderung, der Kommunikation, der Information und der Performanz um jeden Preis.

*

Und die Furcht, von der wir sprechen, ist sicherlich nicht grundlos, denn sie ist ein Echo auf die weltweite Konfrontation der beiden Blöcke. Die Furcht vor dem Ende der sozialen Errungenschaften und vor der Dekolonisierung des Sozialen kann ganze Bevölkerungen erfassen und auf kurze oder lange Sicht zum Übernehmen der Verantwortung um jeden Preis führen. Und es kann sich das Problem einer neuen, weltweiten freiwilligen Knechtschaft ergeben, die mit der Existenz von totalitären Staaten einhergeht. 1984 ist ein guter Zeitpunkt, um all diese Dinge zu überdenken und um dennoch Orwell recht zu geben, allerdings in ungewohntem Sinne. Denn die gewohnte Sichtweise geht von einem *Imperialismus* der totalitären Systeme aus. Dieser Interpretation folgend, sagt man meistens entweder, daß er im großen und ganzen gescheitert wäre und daß die Vorhersage nicht eingetroffen sei, oder, daß er auf der ganzen Welt im Vormarsch sei, was ebensowenig stimmt. Denn die wirkliche Gefahr für die westlichen »Demokratien« liegt nicht in den russischen Panzern und Raketen und in ihrem eventuellen Einsatz; sie sind weder durch ein militärisches Kräfteverhältnis gefährdet noch durch eine revolutionäre Bewegung. Das totalitäre Modell, der kalte Körper ohne eigene Ausstrahlung, ist im Grunde *defensiv*: Er hat bereits genug Schwierigkeiten damit, seine eigene Abriegelung aufrechtzuerhalten und seine eigenen Energien abzudämpfen. Mit dem Export hat er niemals einen rechten Erfolg gehabt, sei es nun auf dem Wege der Gewalt oder durch Infiltration. Seine Ausstrahlungskraft ist gleich Null, seine politische Strategie behäbig und veraltet, und sein wirkliches Problem liegt eher in seiner inneren Brüchigkeit, gegen die er sich eventuell mit extremen Lösungen zu wehren versucht. Viele Leute im Westen sind damit beschäftigt, sich vor dieser Seite zu fürchten (aus welchen geheimen Gründen eigentlich?), aber das Problem liegt woanders.

Es liegt in der kollektiven Verführung, die die totalitäre Struktur gerade im Westen auszuüben beginnt. Darin besteht die wirkliche weltweite Veränderung, die Orwell vorausgesehen hatte, die latente Versuchung durch ein Universum im Stile von *1984*, das gegenwärtig zwar beinahe unsichtbar ist, das sich aber gerade unter dem Druck des Liberalismus verstärken kann – so etwas wie ein vorzugsweises Abgleiten von der Freiheit zur freiwilligen Knechtschaft. Aus Furcht? Furcht vor was? Alle Interpretationen in den Begriffen der Passivität und Ohnmacht, die die Vernichtung der Menschenrechte und die Mystifikation der Massen bejammern, sind suspekt.

Diese freiwillige Knechtschaft sollte man gerade nicht für eine *unfreiwillige*, erzwungene Sklaverei halten und sich dabei auf folgendes Argument stützen: das Komplott einer Bürokratie gegen den Volkswillen, das Komplott des Staates gegen die bürgerliche Gesellschaft – ein miserables Argument, wenn es denn eines ist, denn es heiligt die objektive *und subjektive* Misere der Völker, indem es sie beklagt. Anstatt die Auslöschung von Freiheiten zu bejammern, sollte man sich in aller Freiheit des Geistes gerade fragen: *könnte es vielleicht einen Grund geben, nicht die Freiheit zu wählen*?

Folgenden: im homogenen Klima des Liberalismus und der Veränderung wird alles annulliert. Durch den schwindenden Druck auf die Strukturen und Mentalitäten (man sieht bereits auch im Westen eine neue Religiosität wiederauferstehen, und zwar mit dem Segen unseres gelifteten und mit dem Image der Veränderung ausgestatteten Fernseh-Papstes) entfallen nicht nur die von der staatlichen und bürokratischen Gesellschaft angebotenen Sicherheiten, also die materiellen und ideologischen Sicherheiten in allen Bereichen, sondern in dieser »Liberalität«, die viel eher der Befreiungsgeschwindigkeit eines Körpers entspricht, der in den schwerelosen Raum eindringen will, verschwindet jede persönliche und kollektive Determination. Man kann nicht gegen die Sicherheit um jeden Preis sein und trotzdem die erzwungene Autonomisierung ablehnen. Es handelt sich vielleicht um ein viel fortschrittlicheres Modell der gesellschaftlichen Regulierung, um ein »sanftes« Modell, aber es scheidet eine Allergie und eine ganz spezifische Furcht aus, und diese Furcht der indeterministischen liberalen Gesellschaften – der Gesellschaften, in denen es wenig Macht, aber auch wenig Hoffnung gibt – verstärkt kontinuierlich das Modell von Orwell – und die Faszination dieses Modells, wenn auch nicht wie beim stalinistischen Modell die direkte, sondern die indirekte und langfristige Faszination.

Ein anderer Aspekt: Man kann nicht gegen die Unterdrückung sein und trotzdem bereit sein, unter den sichtbaren Bedingungen der Unterdrückung zu leben, wenn die politische Determination, die Negativität und somit die Interiorität noch intakt ist.

Wenn man sich die Führer des Kreml anschaut, diese Friedhofsgalerie von lymphatischen Greisen, kann man sich nur entsetzt abwenden. Aber man muß folgendes Paradox bedenken: unter dieser direktiven, kalten Macht gären zweifellos heiße Gesellschaften, Gesellschaften der sexuellen und staatsbürgerlichen Libertinage, die unter einem Mangel an Freiheit leiden, während unsere warmherzigen und liberalen Mächte kalte Gesellschaften verbergen, deren letzte politische Wärme und Leuchtkraft sich übrigens dem Dissidententum zuwendet, das heißt der Ablehnung des anderen Modells.

Die Länder des Ostens wären in diesem Sinne eine Art von Heiligtum, Museum oder Kühlschrank der staatsbürgerlichen Gesellschaft (eines Tages wird man feststellen, daß deren Kühltruhe Formen und Gattungen konserviert hat, die bei uns längst verschwunden sind). Eine staatlich geächtete Gesellschaft, die aber in ihren klandestinen Mechanismen und in ihrer defensiven Phantasie um so mächtiger ist, während im Westen die bürgerliche Gesellschaft inexistent wird – wir werden inexistent im Namen der öffentlichen Sache.

Ja, der Staat im Osten ist niederträchtig. Gewiß, aber sie ziehen daraus zumindest einen absoluten Gewinn: den Haß auf den Staat, das Bewußtsein der realen Niederträchtigkeit des Politischen und der Politikerklasse – und das ist immerhin etwas. *Wir* kennen das Wohlgefühl des Abscheus vor dem Politischen nicht. Wir leben in einer liberalen Komplizenschaft mit der Utopie einer Macht, die sich selber aufgibt, um uns zu besetzen, das heißt wir leben *voll und ganz in der Simulation* – der Partizipation, der Autonomie, der wohltemperierten Ökosoziabilität, etc., also inmitten all der Dinge, die wahrhaftig vom Simulakrum abstammen und angesichts derer man eine klare Gewaltförmigkeit der sozialen Beziehungen vorziehen kann – ich sage ausdrücklich: kann. Jedenfalls ist das Übermaß von sichtbaren Zwängen, die auf den totalitären Regimen lasten, geradezu leicht angesichts der Unmenge der nahezu unsichtbaren Zwänge, denen wir uns im Westen durch das Ertragen des Sozialen selber beugen (in Freiheit, Glück und mit Leichtigkeit!). Unsere freiwillige Knechtschaft wiegt die ihre voll auf. Die Grundlage der massenhaften Akzeptation des Sozialen und der Determination der Masse durch das Soziale ist dieselbe, und die Schicksale sind weniger unterschiedlich, als man glaubt. Für neunzig Prozent der Bevölkerung sind beide Systeme gleich; und die liberalen Fransen unserer Gesellschaften sind gerade deshalb nur ein Epiphänomen, weil die Sphäre des Politischen hier derartig außer Kurs geraten ist, daß das Problem der Freiheit sich nicht einmal mehr stellt.

> »Die Freiheit wird künftig völlig und in all ihren Formen erlöschen. Das Leben wird von einer absoluten Unterwerfung unter ganz strenge Verhaltensvorschriften abhängig sein, die man nicht einmal mehr überschreiten kann. Der Passagier eines Flugzeuges ist nicht frei. Die Passagiere des künftigen Lebens werden es noch viel weniger sein: Festgeschnallt auf ihrem Sitz, werden sie ihre Lebenszeit hinter sich bringen.«
>
> SAN ANTONIO

Wenn der Unterschied zwischen unseren westlichen Demokratien und den totalitären Systemen so beträchtlich wäre, hätte unser Paradies ihre Hölle schon längst absorbieren müssen. Und es ist wohl auch so, daß der Westen, der sich im Recht fühlt, die Hoffnung nicht aufgegeben hat. Man war etwas zu schnell der Meinung, daß man Orwells Modell in Richtung auf eine noch westlichere und subtilere kontrollierte Anästhesieform der modernen Gesellschaften überschritten hätte. Man muß sich fragen, ob es für jene Gesellschaften nicht immer die Möglichkeit für ein ständig zunehmendes Abgleiten zu einem viel härteren und disziplinierteren Modell gibt, das allerdings alle symbolischen Vorzüge und geheimen Wohltaten enthält, an denen es uns hier und heute mangelt: denn auf lange Sicht bieten uns die Zeichen des Glücks und der Freiheit keine Rettung mehr.

*

Daß keines der beiden Systeme das andere verschlungen hat, liegt vielleicht auch daran, daß es auf der einen Seite weder ein Paradies noch auf der anderen eine Hölle gibt, sondern auf beiden Seiten ganz einfach zwei (künstliche?) Paradiese. Denn drüben handelt es sich tatsächlich um ein Paradies auf Erden, wie Sinowjev sagt. Und auch Amerika ist eine verwirklichte Utopie. Beide haben auf ihre Weise eine Utopie realisiert. Auf der einen Seite handelt es sich um die Immanenz eines Ideals: Freiheit, Gerechtigkeit, Glück und Macht. Auf der anderen Seite gibt es die Immanenz von Ideologie und Bürokratie. Jedenfalls haben beide die Immanenz für sich, die Macht der Immanenz. Hier in Europa haben wir immer nur geträumt und sind unserer Geschichte und unseren unmöglichen Idealen hinterhergerannt – und unsere Revolutionen sind gescheitert. Drüben ist ihnen all das gelungen (das ist das Paradox). Sowohl im Osten wie im Westen hat sich irgend etwas tatsächlich materialisiert, beziehungsweise endgültig *realisiert* (und das ist das Paradies). Somit steht Paradies gegen Paradies, und wohin man sich auch wendet, unsere einzige Aufgabe besteht darin, dem Paradies zu entkommen.

Das ist eine völlig neue Perspektive. Bis heute bestand unsere materielle und geistige Geschichte aus der übermenschlichen Anstrengung, der Hölle zu entkommen (sei es nun der Verdammnis oder dem Elend), also dem Bösen zu entkommen – und diese grundlegend moralische Perspektive beherrscht uns immer noch, gerade sie macht unsere Schwäche aus. Denn heute muß man sich gegen das Paradies wehren; und gegen das Gute kann man nicht mit den traditionellen Waffen des Kampfes gegen das Böse kämpfen. Der ganze Widerstand gegen totalitäre Systeme mit Hilfe der Terminologie der Entrüstung, der Solidarität, der Menschenrechte etc. ist völlig vergeblich, da er nur davon ausgeht, daß eine Hölle zu beseitigen sei, *während es sich bereits um ein Paradies handelt.* Daher scheint mir Sinowjevs Kritik in der Begrifflichkeit von Paradiesen und paradiesischen Unternehmungen viel subtiler zu sein. Gewiß, eine faktische und ironische Einschätzung, aber der Widerstand gegen das Paradies erfordert andere Qualitäten und Strategien. Der Kampf gegen das Gute verlangt eine unmoralische, ironische und paradoxe Vorgehensweise. Allein das Paradox kann den Orthodoxien ein Ende bereiten, allein die Ironie kann dem Paradies ein Ende bereiten.

*

Und genau in diesem Sinne habe ich diese kleine Chronik über die Linke, über ihre Misere und ihre Triumphe (?), angelegt. Rückblickend stelle ich fest, daß ich nur vom »Paradies« gesprochen habe: der »Zauberkampf« . . . die »Ekstase des Sozialismus« . . . die »göttliche Linke« . . . die »künstlichen Paradiese« . . . Und der Haupteinwand gegen die Linke liegt in dieser *Göttlichkeit* – in dieser treuherzigen, durchsichtigen, tugendhaften und moralischen Art und Weise, sich für die Grundwerte und die endgültigen Werte der Geschichte repräsentativ zu halten. Ich bezeichne die Linke als »göttlich«, so wie Sinowjev die UdSSR als »paradiesisch« definiert – und das ist nicht als frevlerische Analogie gemeint, aber dieselbe Ironie gilt derselben Prätention.

Auch die Rechte hält sich für einen Repräsentanten der Grundwerte, aber das ist ein einfaches Ergebnis der Tradition und Legitimität und kein moralisches und historisches Dekret der Vernunft. Gerade in dieser Willkür findet die Rechte, auch wenn sie an die moralischen Werte appelliert, die Immoralität zum Regieren. Während die Linke, indem sie an die wirkliche Moralität appelliert – welche den Lauf der Geschichte im Sinne des Guten und des Glücks vergöttlicht –, sich ständig dazu gezwungen fühlt, sich dafür zu rechtfertigen, daß sie sich an der Macht befindet, und sich, wie schon so oft, auf dem Altar der Rechten zu opfern. Gerade ihre Göttlichkeit hindert die Linke daran, mit allen verfügbaren Mitteln zu regieren. Im Gegensatz zur Rechten wird ihr trotz aller unmoralischen Tricks, derer auch sie sich bedient, gerade ihre tiefe Moralität zum Hindernis der Machtausübung. Die Heuchelei der Rechten ist viel traditioneller: Sie strebt nach Moral und sie ist von Grund auf unmoralisch. Die Heuchelei der Linken ist paradox: Sie ist von Grund auf moralisch, aber sie gibt sich den Anschein von kompromißloser *Realpolitik* (deutsch im Org.) und tut so, als ob sie mit Hilfe von Zynismus und Willkür regiert. Nichts ist ergreifender, als Mitterand sagen zu hören, er regiere allein und wolle der Chef sein; nichts ist ergreifender, als zu beobachten, wie die Sozialisten – entgegen all ihren Prinzipien – wildentschlossen Expeditionskorps in die alten Kolonien schicken. »Man wird schon sehen, was dabei herauskommt!« Zynismus oder Politik der Stärke? Wenn es das nur wäre . . . Nein, ihre Härte, ihre Verschlagenheit und Willkür sind nicht glaubwürdig; sie geben sich unmoralischer, als sie sind, und das ist ihr Unglück.

Nicht der kleinste Gewaltstreich. Oh, wir wollen nicht von Diktatur sprechen (sogar das Proletariat mußte auf die seinige verzichten, und glücklicherweise war es nicht da, um diesen Gnadenstoß zu empfangen), sondern ganz einfach von jenem kleinen, stolzen Prestige-Coup, der die Durchsetzung der Ausstellung 89 oder des Referendums (dessen politischer Wert unwichtig ist; was zählt, ist die symbolische Herausforderung) gegen den Willen von Chirac oder des Senats gewesen wäre. Statt dessen bleibt der Eindruck bestehen, daß der Politiker bereit ist, die kleinste Gelegenheit zu ergreifen, um auf seine eigene Entscheidung zu verzichten, um die Rechte nicht in eine falsche Position zu bringen und um nicht seine eigene moralische Position zurückzugewinnen – seine frostige Göttlichkeit. Eben das verleiht den sozialistischen Gestalten jenen Anstrich von falscher Redlichkeit – innerlich wenig überzeugt und daher wenig überzeugend: Tugend und Unschuld sind immer verdächtig, die Hände in den wohlgefüllten Truhen zu haben. Daher müssen sie andauernd ihre Gutwilligkeit bekunden und dem Volk moralische Genugtuung (unter anderem in Form von »Sozialleistungen«) dafür geben, daß es regiert wird. Es gibt nichts Schlimmeres als das schlechte politische Gewissen, das direkt aus dem guten moralischen Gewissen kommt.

Zur Ehrenrettung oder zur Schande der Linken muß gesagt werden, daß sie alles getan hat, um nicht an die Macht zu gelangen (das gilt vor allem für die Kommunisten, aber auch für die Sozialisten, die sich an dem »Klotz am Bein«, den die P. C. damals darstellte, orientiert haben), und die gewissermaßen wider Willen durch das Spiel der Unzufriedenheit und Veränderung (die langweilig gewordene Rechte) und durch die ironische Wahlreaktion der Massen, die gleichzeitig von Hoffnung getragen und illusionslos waren, an die Macht gekommen ist. Jedenfalls haben die Massen sicherlich nicht gewählt, um eine moralische Genugtuung für ihr Schicksal zu bekommen, sondern um zu sehen, wie das Große Spiel gespielt wird. Die Macht ist nichts, wenn sie nicht zu einer aufsehenerregenden Tat genutzt wird. Wenn man sie einmal gewählt hat, muß sie ihre Wahl überschreiten; sie sollte sich nicht um Ideen kümmern, sondern eine Szene öffnen, einen Raum produzieren und auf diese Weise dafür sorgen, daß sich alle an der Ausübung der Macht beteiligen wollen; anstatt ihren leeren Platz zu besetzen, sollte man die politischen Leidenschaften wiederbeleben, das heißt die Leidenschaft für das Politische. Das setzt allerdings voraus, daß sie weder auf ein Instrument zur Verwaltung der Gesellschaft reduziert noch daß sie zu einem Monopol wird, das die Gesellschaft absorbiert, sondern daß sie wieder zu einer Zweckbestimmung an sich wird, zu einem Spiel, zu einem Raum, in dem die Gesellschaft direkt auf ihrer eigenen Szene spielt.

Wenn die Macht handelt, verrät sie möglicherweise ihre eigenen Ideen. Dieser Verrat ist transparent und hat nichts mit der Heuchelei zu tun, die darin besteht, seine Ideen in die Sphäre der Macht zu übertragen, wo sie unausweichlich durch die Machtausübung widerlegt werden und andauernd eine falsche Situation schaffen (wie zum Beispiel seit 1981). Und man sollte diesem Verrat der Macht nicht die Ernsthaftigkeit und Unschuld des Volkes entgegensetzen – das wäre die Kehrseite derselben politischen Naivität: das

Volk ist weder ernst noch unschuldig, *und es ist nicht davon abhängig, als solches repräsentiert zu werden.* Die Massen sind in ihrer Wankelmütigkeit voll und ganz verräterisch; sie wissen nicht, was sie wollen, und sie spielen damit; in gewisser Weise ist es die Aufgabe der Macht, mit ihnen auf gleicher Ebene auf diesem Terrain zu spielen. Das Volk will politisch herausgefordert werden, sonst läßt es, wie in unseren fortgeschrittenen Demokratien, nur die Herausforderung der Gleichgültigkeit auf die Macht zurückfallen. Auf diese Weise spielt es immer noch mit der Macht, aber es spielt mit einer toten Macht. Es gibt keine Szene mehr, und auch keine Illusion oder Leidenschaft. Die Aufgabe besteht also nicht darin, das Volk als Repräsentiertes oder als repräsentativ in dem schwammigen kleinen Partizipationsspiel wiederzubeleben, sondern es als Partner und eventuell sogar als Gegner herauszufordern. Wenn das schon nicht geschieht, könnte man sich zumindest vornehmen, ihm ein schönes Spektakel zu liefern und nicht das Spektakel der Resignation der eigenen Praxis. Für niemanden gibt es etwas Traurigeres. Die Melancholie der Machthaber heilt das Volk nicht von seinem Elend.

*

Ich habe allerdings vergessen, daß der Sozialismus von Juni bis September 84 seine eigenen Ideen verraten hat. Ist das ein Zeichen für das Wiedererwachen der politischen Phantasie? Müssen wir unsere Hypothese revidieren? Sollte der Sozialismus seine Göttlichkeit, seine Naivität, verloren haben? Vollzieht sich mit seinem »lifting« gleichzeitig ein radikales »lifting« der französischen Gesellschaft? Es ist aber möglich, daß all das uns nur immer mehr der »Wahrheit der Ökonomie« und einer »couragierten« Lösung der Krise näherbringen soll. Das Aufgeben der Ideen hätte also nur zu einer Wiederherstellung der Wahrheit geführt (aber wo ist sie gewesen, hat man sie vor uns verborgen?) – also erneut eine moralische Position, wenn auch mit umgekehrten Vorzeichen: man setzt das Soziale und den Sozialismus in Klammern und will dabei vor allem den symbolischen

Gewinn festhalten. Wenn man weiß, daß diese »Wahrheit der Ökonomie« noch viel geringer ist als die einer beliebigen Ideologie, dann zittert man bereits vor diesem in den Status eines neuen Fatums der Moderne erhobenen Gespenst – und man fragt sich, welchen Preis die Sozialisten für dieses Aufgeben ihrer Ideen zu zahlen haben, wenn es nicht darum geht, den Raum für die Wahlen von 86 und 88 wieder zu öffnen. Sind sie im Begriff, sich in voller Schönheit zu opfern, oder sind sie nur damit beschäftigt, sich zu ihrem eigenen Nachfolger zu machen?

Die Sozialisten haben von sich aus ihr Rendezvous mit der Geschichte abgesagt. Sie haben recht. Sie wäre sowieso nicht zu dem Treffen gekommen. Es wird eh kein kritisches Ende dieses Jahrhunderts geben, sondern mehr eine Rezession der Einsätze. Ganz im Gegenteil, indem er mehr und mehr seine Ideen und sein historisches Kapital verleugnet, das zu einem unmöglich zu verwaltenden Streitpotential geworden ist, kann der Sozialismus sich darum bemühen, zum politischen Verwalter dieses Jahrhundertendes zu werden. Die Rechte ist *a priori* besser plaziert für die Machtausübung im leeren Raum. Aber es ist keineswegs ausgeschlossen, daß die Linke den Sieg über die Rechte davonträgt, wenn sie in ihrer Selbstverleugnung noch weiter geht. Der Sozialismus muß sich beim Umgang mit der Macht immer mehr zersetzen (dazu ist es notwendig, daß er noch möglichst lange an der Macht bleibt). Da er die Macht nicht wirklich gewollt hat, da er sie nur als eine historische Weihgabe *erwartet* hat und da ihm die Machtausübung niemals richtig gelungen ist, ist er dazu verdammt, so lange an der Macht zu bleiben, bis die Hypothek dieser frommen Auffassung des Sozialen und der Geschichte, die man uns seit der Aufklärung eingetrichtert hat, endgültig abgetragen ist. Er ist dazu verdammt, sich selbst immer mehr zu verleugnen, bis die Hypothek seiner (und unserer) »Göttlichkeit«, das heißt des idealistischen und unglücklich aus den gescheiterten Revolutionen des 19. Jahrhunderts geborenen Bewußtseins abgetragen ist.

Wir kennen die immer länger dauernde politische und soziale Leere, die dem Wahltag vorausgeht. Jede Initiative ist ausgesetzt, die Einsätze sind gemacht, nichts geht mehr, die Gesellschaft ist im voraus eingefroren. Dabei handelt es sich übrigens um eine reine Simulation, denn die Wahlentscheidung selber ist gleichgültig. In zunehmendem Maße bemüht sich jede politische Macht darum, die Gesellschaft in dieser Art von Wahlkampfspannung und von Ekstase der Stimmabgabe oder Befragung erstarren zu lassen. Man hat den Eindruck, daß das Näherrücken des Jahres 2000 genügt, um die politischen Gesellschaften in eben dieser Weise erstarren zu lassen. Seit dem Beginn der vierziger Jahre ist eine gewisse Leere der Zeit entstanden, die auch noch länger dauern wird, so wie auch die Krise weitergeht, weil man befürchtet, daß sonst noch etwas viel Schlimmeres entstehen könnte. Wenn man könnte, würde man die Zeit bereits vor dieser Jahrtausendwende stillstellen. Beziehungsweise diese Furcht vor der Jahrtausendwende und vor jeder metaphysischen oder historischen Umwälzung, die durch das Bevorstehen der Jahrtausendwende symbolisiert wird, ist bereits schon jetzt da: Sie realisiert sich in der kollektiven Gleichgültigkeit gegenüber der politischen Entwicklung von Gesellschaften. Wir erleben, wie die im letzten Jahrhundert gemachten Einsätze zu Ende gehen, ohne daß irgend jemand wirklich den Wunsch nach oder das Vorgefühl von etwas anderem hätte. Und auch der Euphorie der neuen Informationsgesellschaft gelingt es nicht, diesen geistigen Rückfall in die Gleichgültigkeit zu maskieren, dieses Verlangsamen der Zeit in dem Maße, wie sich ihr Ende nähert. Sie ist einer der Aspekte dieser geistigen Rezession. Es geht uns so wie den Reisenden in *2001*, die nach einem überstandenen Koma unter der Überwachung des Computers durch den Weltraum fahren. Die Information und die Kommunikation erhalten den Gesellschaftskörper im Zustand des Überlebens, alle Lebensfunktionen gehen weiter, der Kreislauf, die Atmung, der Stoffwechsel, der Herzrhythmus und die Regeneration der Zellen – genauso wie bei den biophysischen Funktionen der Passagiere im Raumschiff. Nur das Leben fehlt. In unseren Gesellschaften fehlt in gewisser Weise auch das Leben, aber die Information und die Lebensfunktionen gehen weiter.

Natürlich dürfen die Passagiere zum vorgesehenen Zeitpunkt wieder aufwachen – es sei denn, der Computer schaltet sich aus Rache oder Bosheit ab, und in diesem Fall erreichen sie ihr Ziel niemals. Bis heute besteht kaum die Gefahr einer Abkopplung der Lebensfunktionen, aber wir sind bereits mehr oder weniger von unserer Geschichte und vom Ende unserer Geschichte abgekoppelt. Es kann sein, daß die Zeit sich in dem Maße verlangsamt, wie sie sich ihrem Ende nähert, und das Jahr 2000 gewissermaßen nicht stattfindet.

Es ist richtig: unsere Gesellschaften verändern sich. Es ist nicht so sehr die polizeistaatliche Atmosphäre und die Knechtschaft der Arbeit, die auf uns lastet, sondern der Leistungs- und Erfolgszwang nimmt uns die Luft. Die Euphorie, das Dumping und die Beschleunigung absorbieren buchstäblich jeden Sauerstoff und nehmen uns wie Fischen auf dem Trockenen die Atmung. Es gibt keine Hoffnung, die Freiheit und die fehlenden Ziele sind unsere Luft. Dabei hat man weniger den Eindruck einer Zelle, der der Raum fehlt, als von einer Seifenblase, aus der die Luft entweicht. Wir werden zusammengedrückt und nicht unterdrückt. Entsteht dieser phantastische Sog- und Aspirationseffekt, diese Verknappung durch das Näherrücken des Jahrhundertendes? Bewegen wir uns nur noch, um ihm zu entkommen? Wir mimen bereits im voraus das einundzwanzigste Jahrhundert, um uns einen gefährlichen Übergang zu ersparen. Wir berauschen uns an der Zukunft, um den Mangel an Perspektiven zu exorzieren. Wir beschleunigen, um vom Kap der Jahrtausendwende freizukommen, ohne daß es in Sicht ist. Wir wollen diesem schicksalhaften Datum, diesem letzten symbolischen Ereignis, das uns geblieben ist, jegliche Fatalität nehmen. Die kommenden Jahre sind bereits geopfert. Sie zählen bereits nicht mehr. Sie sind bereits in den Kegelschatten der zweitausender Jahre gefallen; sie verwischen sich im Halbdunkel der Geschwindigkeit. Es fällt uns schwer, zu bemerken, daß dabei irgendein Einsatz erhöht wird oder daß sich darin irgendein Schicksal vollendet, denn alles gerät bereits ins Kielwasser jener Art von olympischem Leistungsstreben, das die

Menschheit sich kollektiv verordnet hat. Orwell hatte noch ein leichtes Spiel, ein Verfallsdatum festzusetzen: 1984. Nach der Zurschaustellung der Freiräume werden wir eher von der Zurschaustellung der Zeit selber und von ihrer Auflösung in die Unmittelbarkeit der Veränderung bedroht. In der Übersteigerung einer ununterbrochenen Zirkulation und einer unaufhörlichen Aktualität verlieren die Gesellschaften sogar den Faden ihrer Evolution. Es ist wie bei der Geschwindigkeit: die Beschleunigung führt zu einem Verlust der Zielrichtung. Die Hysterie verbirgt die Hysteresis der Prozesse, insbesondere des historischen Prozesses, der nicht wirklich stehenbleibt, sondern der sich durch Trägheit verlängert, der weitergeht und der gewissermaßen unbewegt in seinem Ablauf zu verharren scheint. Die Tachometer der Geschichte sind im Osten beim Kommunismus stehengeblieben und im Westen bei einer »liberalen« Gesellschaft, die von ihrem eigenen Auswuchs, von ihrer Exkreszenz, ergriffen ist. In dieser Lage gibt es kaum noch einen Spielraum für echte politische Strategien. Diejenige Strategie, die die Szene in dem Moment besetzt, wo die Tachos stehenbleiben, hat alle Chancen, sich dort zu behaupten. Es ist nicht ausgeschlossen, daß der Sozialismus von einer Chance dieser Art profitieren kann, das heißt von der Chance, die Geschichte nicht zu machen, sondern sie zu verlängern. Kommt nach der Ekstase die Hysteresis des Sozialismus?

Supplement

Hans-Dietrich Sander
Die Theatrokratie als höchstes Stadium des Weltbürgerkrieges

I.

Der philosophische Terrorist Jean Baudrillard hatte einen folgerichtigen Weg vom Pariser Mai 1968, der die Phantasie an die Macht bringen wollte, zu einer Auslöschung der Subjektivität zurückgelegt, nach der nichts übrigbliebe, als die Spuren der Dinge nachzuzeichnen – um es mit einer Wendung aus der »Einführung in die Methode Leonardo da Vincis« von Paul Valéry aus dem Jahre 1894 auszudrükken. Baudrillard faßte diese Station als Verwandlung der Subjekte in Objekte, in politischem und erkenntnistheoretischem Sinn. Der Rekurs zeigt, wie der Weg des Protagonisten der Mai-Revolte in die Ernüchterung das Labyrinth des Epigonentums nicht verließ, das, dem Hellenismus der sterbenden griechischen Antike vergleichbar, zur Signatur der Zeit nach 1945 geworden ist. Baudrillards Dauerrede von der Simulation ist eine ostinate Chiffre dieser Lage, die unser Schicksal ist. Die Perspektive erscheint ihm fatalistisch: die Aussicht einer irreversiblen Ordnung, die nur Zeremonien kennt, die keinen Sinn haben. Baudrillard ist aus diesem Grund als Nihilist bezeichnet worden. Auch dies führt ans Ende des 19. Jahrhunderts zurück, zur Situation, in der Nietzsche dachte. Wie aber Nietzsches Philosophie nur als Überwindung des Nihilismus bedeutsam ist, besteht die Relevanz der Wegstrecken Baudrillards allein darin, wie weit sie sich dem Ausgang jenes Labyrinthes annähern, dessen Schleifen und Ecken epigonale Posten beschreiben. Der Wunsch, es zu verlassen, ist die Sehnsucht unserer Epoche, wie linke und rechte Extreme sie am stärksten empfinden, die, wenn man die Gesellschaft mit Recht als eine Schnecke sehen kann, mit Fug, nach Ezra Pound, Fühlhörner heißen dürfen. Phantasie war um die Wende 1968/69 auch das Prinzip gewesen, mit dem Caspar

v. Schrenck-Notzing den aufstrebenden süddeutschen Konservatismus im Gegensatz zu dem abgestiegenen norddeutschen Konservatismus begründen wollte, der dem Prinzip der Pflicht obgelegen hatte.

II.

Der Weg Jean Baudrillards führte von der Dekadenz der Revolte in die Dekadenz der Theorie. Der Pariser Mai war, wie seine zeitlichen Parallelen, der Prager Frühling und die westdeutsche Studentenrevolte, von seinen Zielvorstellungen her, eine simulative Veranstaltung gewesen. Baudrillard zählt sie immer noch zu jenen Ideen, die »um keinen Preis materialisiert werden dürfen«, und er zitiert Adorno, der in seinen »Minima Moralia« mit seiner poussierlichen Ratio darauf bestand, »daß schließlich aller Rausch inmitten der Versagungen lieber unterbleibt«, als daß er durch Verwirklichung am Begriff der Idee frevelte. Es sei deshalb der Vorzug der Mai-Revolte gewesen, nicht die Phantasie an die Macht gebracht, sondern einen »fröhlichen Selbstmord« begangen zu haben, der »in der Geschichte die ritterlichste Form von Erfolg« darstelle. Nun, das sind charmante Camouflagen der Niederlage, die ihren letzten Grund in der Realitätsferne der Zielvorstellungen hatte. Der Sozialismus stand nirgends mehr auf der Tagesordnung der Geschichte. Er war im Osten durch die Diktatur der kommunistischen Partei und mangelhafte ökonomische Effektivität kompromittiert und übte im Westen keine Faszination mehr aus, weil er nach einer erfolgreichen Wahl das vorgefundene produktive Chaos in entkräftender Regelmäßigkeit – bis zu seiner Abwahl – durch unschöpferisches Nebeneinander ersetzte. Die sozialistische Renaissance, von der die Bewegungen des Jahres 1968 träumten, verfügte nicht zufällig weder über Begriffe noch Ideen. »Die Phantasie an die Macht«, »Sozialismus mit menschlichem Gesicht«, »herrschaftsfreier Diskurs« – das waren schäumende Parolen, die nichts hinterließen, als die schillernden Blasen zerplatzten. Sie waren Ausdruck einer Ohnmacht im Rausch der Renommage. Die Ohnmacht des Subjektes, die Baudrillard postulierte, kam aus der Ernüchterung über diesen Zustand und war soweit aller Ehren wert. Daß die Dekadenz der Revolte in eine Dekadenz der Theorie überging, lag daran, daß er jenem Zustand nicht auf den Grund sah, auf dem der Unwille zur Macht Minima Moralia ausbrütete. Baudrillard generalisierte Postprobleme der 68er, wozu freilich allgemeine Ratlosigkeit verführte. Politische Ohnmacht ist indessen eine Frage des Willens und der Perspektive, geistige Ohnmacht eine Frage der Erleuchtung und Methode. Nietzsches »Wille zur Macht« als Formel zur Aufhebung des Nihilismus hat politischen wie erkenntnistheoretischen Drall. Baudrillard ahnt ihn. Immerhin rüttelte er bald an den selbstgeschmiedeten Ketten – anders als Jürgen Habermas, der wie Jean Baudrillard aus dem Lehrkörper zu den rebellischen Studenten stieß, aber das Scheitern der Permanenz eines selbstgefälligen Räsonierens aussetzt, die Gerd Bergfleth mit Recht palavernde Aufklärung genannt hat. Baudrillard spricht in der »göttlichen Linken« von Diskursprofis. Das objektgewordene Subjekt erschien ihm, um mit Marx zu sprechen, als vernichtenswürdige Verdinglichung. Der philosophische Terrorist hielt nach Beschleunigungsfaktoren Ausschau: nach einem großen Krach und vielen kleinen Krächen und Ansätzen zur Inszenierung der Coup d'Éclats.

III.

Die Grundidee der Katastrophenstrategie von Jean Baudrillard steht in seinem Werk »Der symbolische Tausch und der Tod« (1976) und lautet: »Man muß die Dinge bis zum Äußersten treiben, bis zu jenem Punkt, an dem sie sich von selbst ins Gegenteil verkehren und in sich zusammenstürzen.« Ihr Begriff ist die »radikale Tautologie«, ihre Methode »die Radikalisierung aller Hypothesen«, ihr Funktionsmodus »den Tod gegen den Tod auszutauschen«. Es war ein deutsches Mißverständnis, als Bergfleth im Nachwort zur Übersetzung (1982) schrieb: »Von sich selbst, von seinem eigenen Untergang spricht der Todesspekulant allerdings nicht, wie es an sich zu erwarten wäre – denn wer alles aufs Spiel setzt, wie könnte der sich selbst ausnehmen? Und es bleibt uns überlassen, ob wir darin die Kaltschnäuzigkeit des Supersoziologen sehen wollen oder im Gegenteil die vollendete Diskretion dessen, der bereits so jenseits ist, daß ihn das Schicksal seiner Person nicht mehr zu interessieren braucht.« Baudrillard ist Theoretiker, kein Terrorethiker. Das Buch zerfleddert das Synthesengespenst aus Marxismus und Psychoanalyse, das 1968 in Europa umging: »Allein ihre gegenseitige Ex-Termination und Vernichtung kann zu einer radikalen Theorie führen. Marxismus und Psychoanalyse befinden sich in der Krise. Man sollte ihre jeweilige Krise eher verschärfen und beschleunigen, als eines durch das andere zu stützen. Sie können sich gegenseitig noch viel Böses antun. Dieses Schauspiel sollte man sich nicht entgehen lassen.« In der Tübinger Diskussion des Buches, an der Baudrillard teilnahm, sprach Bergfleth 1983 von »Pariser Frivolitäten«, konfrontierte sie mit der Frage nach dem Untergang der Metaphysik und dem Aufgang einer neuen Form von Wahrheit und behauptete: »Derjenige, der sich diese Frage nicht stellt, der ist objektiv uninteressant. Ich meine, davon gibt es Milliarden, und einige werden die Welt retten, hat Gide einmal gesagt, und ich glaube, darauf kommt es an, daß einige wenige sich noch diese Frage stellen.« Die Frage stellt sich sicher nicht in der radikalen Tautologie; diese arbeitet jener vor. Baudrillard sagte in Tübingen: »Ich bin auf dem Wege des theoretischen Terrorismus. Ich sehe keine andere Lösung.« Das Wiederauftauchen deutscher Tiefe darf deswegen nicht gering geschätzt werden. Was kann sonst diese Katastrophenstrategie hindern, auf den »Schlachtfeldern der Kritik« in quietistischen Zynismus, in diogenische Beschaulichkeit zu verfallen?

IV.

»Die göttliche Linke« (1985) zeigt, wie latent diese Gefahr ist. Nachdem der Sozialismus Mitterrands mithalf, die intellektuelle Position zu korrumpieren und aufzulösen, gibt es, so Baudrillard, keine Leidenschaften, keine Tugenden mehr, die den Intellektuellen eigen wären: »Bei Gide war es die Aufrichtigkeit, bei Sartre die Klarheit, bei den Situationisten und anderen die Radikalität – seitdem ist Schluß . . . Danach kommt die Ironie, die Faszination einer Welt, die von aleatorischen Prozessen und mikroskopischen Vorgängen beherrscht wird – die Transhistorie, deren Durchquerung ebenso gefährlich wie die eines Minenfeldes ist.« Es ist schwer, hier nicht »na, na, na!« zu sagen. Das Oxymoron der ironischen Faszination entsprang offensichtlich einer Enttäuschung. Der ersehnte Coup d'èclat des Sozialismus blieb aus. Er muß sich an der Macht immer mehr zersetzen und dazu noch möglichst lange an der Macht bleiben, heißt es zum Ende hin, »bis die Hypothek seiner (und unserer) ›Göttlichkeit‹, das heißt des idealistischen und unglücklich aus den gescheiterten Revolutionen des 19. Jahrhunderts geborenen Bewußtseins abgetragen ist.« Diese verzögernde Perspektive bildet einen verblüffenden Kontrast zu der hemmungslosen Abhandlung, in der die göttliche Linke durch eine analytische action directe erledigt wird. Es ist unmöglich, den Befund zu remonstrieren. Unter Mitterrand ist der Sozialismus in Frankreich nach oftmaligem Scheitern am Gestade der Macht gestrandet. Er ist keine Alternative. Er ist das Simulacrum einer Alternative. Er ist kein Ereignis, sondern eine posthume Materialisierung. Er kam an die Macht, nachdem alle anderen Energien und Alternativen erschöpft waren, in ebensolchem Zustand. Mit ihm an der Spitze befindet sich das ganze System am Rande des Grabes. Die politische Klasse kann nicht mehr auf den Willen des Volkes zählen. Sie ist dazu da, gleichzeitig diesen Willen zu repräsentieren und zu verbergen, daß sie nichts repräsentiert. Denn auch das Volk hat keinen Willen und Glauben mehr. »Die Demokratien haben definitiv die senile Hysterieform des Rentenalters erreicht; sie haben nicht mehr genügend Energie, um einen mächtigen inneren Feind entstehen zu lassen, wie es zum Beispiel der mythische Faschismus war . . .«, der die Massen herausfordern konnte als Gegner oder Partner. Die Politiker haben nur noch eine geschichtliche Aufgabe: das Ende des Repräsentativsystems durch Krisenverwaltung zu organisieren. »Diejenige Strategie, die die Szene in dem Moment besetzt, wo die Tachos stehenbleiben, hat alle Chancen, sich dort zu behaupten«, schreibt Baudrillard am Schluß kryptisch – kryptisch aus syndikalistischer Eschatologie oder kryptisch aus Ratlosigkeit?

V.

Die Analyse der göttlichen Linken mit dem Stichwort der Simulation läßt diesen Begriff als ein Wesensmoment der politischen Verhältnisse unserer Zeit hervortreten. In der Entstehungszeit des Staates als politische Einheit der Neuzeit hatte das Wort Simulacrum im Zusammenhang mit den Arcana imperii gestanden: als eine falsche Vorgabe, hinter der die Sache anders oder eine andere Sache abgewickelt wurde. Heute ist es die Sache selbst und die Sache ist nur ein simulierter Zustand oder ein simuliertes Verhältnis. Das ist durchaus systemübergreifend so der Fall. Ein Tausch in den variablen Elementen und Baudrillards Betrachtung der Lage in Frankreich liest sich wie eine Beschreibung der Lage in den USA, die Baudrillard selbst als eine Zuspitzung dieser Problematik nennt, aber auch der Verhältnisse in der UdSSR, in lateinamerikanischen, afrikanischen oder asiatischen Ländern. Die universale Gültigkeit des Simulationsbegriffes verführt freilich zu Deduktionen, die in die Irre führen, wenn man die Situation und die Besetzung nicht konkret wahrnimmt. Es entstehen dadurch in der Erkenntnis, in der Strategie und in der Freund-Feind-Frage schwerwiegende Fehler. Jean Baudrillard ist ihnen nicht immer entgangen. Der sorgfältige Leser stutzt zunächst bei der Bezeichnung »die Rechten«, ehe er dahinterkommt, daß Baudrillard damit die Gaullisten meint, die unter de Gaulle vielleicht einmal rechts waren, aber heute die reinste Form des Juste-milieus darstellen. Wenn das Repräsentationssystem am Grabe steht, so bedeutet das noch nicht, daß auch das Repräsentationsprinzip überholt ist; noch weniger, daß nun eine Zeit des Präsenzprinzipes anbrechen müßte, das allein in kleinen Stadtrepubliken, die nur unter bestimmten Voraussetzungen Bestand haben, zu einem politischen System werden kann. Die Repräsentationssysteme stehen am Rand des Grabes, weil ihnen die Souveränität in innen- und außenpolitischem Sinne verlorenging (so wie Souveränitätssysteme auf tönernen Füßen stehen, denen es an Repräsentationsqualität gebricht – was in den kommunistischen Ländern der Fall ist). Angesichts der Supermächte stellt Baudrillard die Frage, ob Europa zwischen Rußland und Amerika nicht die Entwicklung verschlafen habe. Europa war im Begriff, das 19. Jahrhundert zu überwinden, als Amerika und Rußland, die in ihrem Liberalismus und Sozialismus das 19. Jahrhundert in die krassesten Konsequenzen trieben, es in zwei Weltkriegen auf das 19. Jahrhundert hegemonial zurückwarfen. Aus der Fehleinschätzung dieses Tatbestandes heraus formulierte Baudrillard den suizidären Satz, daß die panoptische Konzeption des Raumes politisch überholt sei. Die globale Dominanz der Simulation über der Realität hängt mit dem Ausgang dieses Weltbürgerkrieges zusammen. Die Theatrokratie kann nur mit seiner Revision aufgehoben werden, die in erster Linie eine Raumfrage ist.

VI.

Der Kritik der göttlichen Linken ist keine vergleichbare Kritik des »himmlischen Mai« voraufgegangen. Sie hätte Jean Baudrillard gegen einige Irrtümer gefeit. Es nützt nichts, wenn er sich über die Folgen der sexuellen Revolution erheiterte und den überwiegenden Rest feierlich als »Gnadenstand« unberührt ließ, der in seinen Folgen weniger pittoresk als ruinös war. Eine kritische Betrachtung des himmlischen Mai müßte die unheilvolle, nie durchschaute Rolle in den Mittelpunkt rücken, den er im Weltbürgerkrieg gespielt hat. Der Status quo eines Weltbürgerkriegs kann nur von nationalen Positionen aus in Frage gestellt und aus den Angeln gehoben werden. Die 68er aber führten, statt ihre Nationen zu befrieden und zu befreien, in einer fundamentalen Fehleinschätzung der europäischen Lage unter den Augen der Supermächte, die alle relevanten Weltbürgerkriegspositionen besetzt hielten, ein absurdes Weltbürgerkriegsspiel auf. Im Ergebnis der simulativen Revolten verstärkte sich die russisch-amerikanische Doppelhegemonie. Die Bewegungen des Jahres 1968 sind bekanntlich von amerikanischen Universitäten ideell und personell inspiriert worden. Wer bedenkt, daß sie sich in den beiden stärksten europäischen Ländern, in Frankreich und Deutschland, von denen Amerika den härtesten Widerstand erwarten konnte, am heftigsten austobten, muß einmal die Frage stellen, ob der himmlische Mai nicht von Jenseits des Atlantik instrumentalisiert worden ist. In Frankreich führte er zum Sturz de Gaulles, der die zerstrittene Nation in der 5. Republik geeint und die vom nordatlantischen Bündnis beschnittene französische Souveränität wiederhergestellt hatte. Danach verbürgerlichte der Gaullismus zusehends unter amerikanischen Akzenten. Baudrillard meint, jener Gnadenstand hätte die alte reaktionäre Gesellschaft beiseitegefegt. Er wirbelte im Gegenteil den »alten Dreck« wieder hoch, von dem de Gaulle fürchtete, er werde nach seinem Tode zurückkehren. Zur Stunde spricht man in Frankreich von einer möglichen Wiederkehr der 4. Republik, die in Unfähigkeit und Korruption untergegangen war. In der Bundesrepublik Deutschland verhinderte der himmlische Mai eine nationale Besinnung, indem er dem verbleichenden Geist des undifferenzierten Antifaschismus neues Leben einhauchte. Die deutschen Linken verfielen mit der antifaschistischen Fixierung in eine doppelte Täuschung. Sie begriffen nicht, daß sie nur ein Strategem der Besatzungsmächte zur Niederhaltung des deutschen Volkes fortsetzten. Ebensowenig durchschauten sie ihre antikapitalistichen Affekte. Ihre instinkive, gar nicht aus der Luft gegriffene Ablehnung der Entwicklung in der Bonner Republik kam nicht aus der geschichtlichen Ungeduld über versäumte Revolutionen, die immer noch nicht auf der Tagesordnung standen, sondern aus dem verbotenen, verdrängten Geist der deutschen Volksgemeinschaft. Allein die Linke hätte nach 1945 die zukunftsmächtigen Institute des Dritten Reiches, vornehmlich in den Bereichen der Wirtschafts- und Sozialpolitik, retten können, indem es sie sozialdemokratisch einkleidete. Entgegen der

Kriegspropaganda hatten die Alliierten das Dritte Reich nicht hauptsächlich seiner negativen sondern seiner positiven Züge wegen zerschlagen; Roosevelt entschloß sich zum Krieg, als sein wirtschaftspolitisches Instrumentarium, der New Deal, versagte. Für die Bonner Republik wäre es besser gewesen, sie hätte aus den Fehlern des Dritten Reiches als aus den Fehlern der Weimarer Republik gelernt; kein Verschwörer des 20. Juli 1944 wollte die Parteiendemokratie restaurieren. Es war eine einmalige Chance. Die Linke hätte damals das ganze Volk hinter sich gebracht – wovon ein Mann wie Baudrillard heute in Frankreich noch nicht einmal zu träumen wagt. Kurt Schumacher hatte davon eine taktische Ahnung, aber keinen strategischen Begriff. Seit 1968 gehören Gedankengänge dieser Art zum Inkriminierungsmaterial des modernen Hexenhammers. Die Linke aber trat den Weg in die vollendete Theatrokratie an, von der nur zu hoffen ist, daß sie sich nach einem erneuten Machtwechsel endgültig zerstört.

VII.

Ein Franzose und ein Deutscher entgingen der Dekadenz der Revolten von 1968, indem sie den Weltbürgerkrieg nicht nur spielen, sondern auch machen wollten. Sie suchten nicht die Schlachtfelder der Kritik. Sie suchten die Schlachtfelder der Revolution. Regis Debray ging wie ein moderner Don Quijote zu Che Guevara nach Bolivien. Günter Maschke ging wie ein moderner Sancho Pansa zu Fidel Castro nach Cuba. Es ist kein Zufall, daß beide nach ihrer unvermeidlichen Rückkehr einer Renaissance des nationalen Standpunktes das Wort redeten. Sie blieben keine göttlichen Linken, weil sie schon in den Tagen des himmlischen Mai dem Realitätsprinzip verpflichteter waren als dem Prinzip der Simulation.

Günter Maschke

Die Verschwörung der Flakhelfer

Der Kampf um die Verfassung

Die Bundesrepublik, halb ordentlicher Industriehof, halb Naherholungszone mit regelmäßig geleertem Papierkorb, dieses handtuchbreite Restland, dessen Bewohner nach Harmlosigkeit gieren, ist zugleich das Land, in dem jeder zum Verfassungsfeind des anderen werden kann. Geht es um Einstellung oder Entlassung, so mag die Staatsbürokratie die Mitglieder der DKP der Verfassungsfeindschaft bezichtigen, während daraufhin die DKP, schon immer in hemmungsloser Liebe zum Grundgesetz entzündet, die Staatsbürokratie und, bei Bedarf, die Justiz, für verfassungszerstörerisch erklärt. Wird die Gangart der Gewerkschaften einmal härter, so findet sich der Sprecher der Industrie, der auf die hier lauernden Gefahren für die Verfassung und die freiheitlich-demokratische Grundordnung hinweist und die Gewerkschaften sind ebenso flink, die Aktionen der Unternehmer als verfassungsbedrohend beim Namen zu nennen: Unentwegt wehren alle den Anfängen. Auch CDU/CSU, SPD, Grüne und FDP beteiligen sich an diesem hysterischen, selten überraschende Varianten aufweisenden Spiel. Die anderen sind es, die eine andere Republik wollen und die man, kommt es hart auf hart, mit der reichlich vorhandenen braunen Farbe anzustreichen sucht.

Kann die Neue Rechte, hier ohnehin das beliebteste Opfer, sich für dieses Spiel interessieren, bei dem es immer um die Verteidigung – denn der Angriff wurde durch die Reform der Ministerien-Namen nicht nur im Militärischen abgeschafft – der Verfassung und der Republik geht? Soll auch sie, je nach dem Sujet des Konflikts, die Republik von Kohl gegen die von Vogel oder die von Kohl und Vogel gegen die von Lafontaine, die von Antje Vollmar gegen die von Strauß oder die von Rudolf Augstein gegen die von Jürgen Möllemann mitverteidigen? Kann sie hier, orientiert am vielzitierten kleineren Übel, eine Stellungnahme abgeben, die über eine rein taktische hinausginge? Geht es um die Verteidigung eines Bestandes der Republik gegen eine ihr drohende Auflösung oder um die Realisierung einer demokratischen Norm, der diese Republik verpflichtet sein sollte? Findet sich eine zu wahrende Substanz dieser Republik, die jetzt bekämpft, verraten, bedroht sein soll, – sei es durch freigiebige Industrielle, korrupte Parlamentarier, nützliche Idioten, permissive *décadents*, sture Hüter des *status quo*?

Ist diese Republik gefährdet durch die Auflösung des Rechtsstaates in Opportunitätserwägungen; durch die Kontrolle des Überbaus, den ein vage-linker Moralismus ausübt, der rasch gnadenlos zu werden vermag; durch den Wehrunwillen; durch die zahllosen Demokratisierungen und Emanzipationen, die sich als Zerstörungsakte herausstellten; durch den Abbau angeblich deutscher Tugenden wie Fleiß und Pflichterfüllung oder vielleicht durch die auf dem großen Rückzug periodisch ertönenden, autoritären Appelle? Gibt es eine Entartung, eine Abirrung, einen Zerfall dieser Republik nach dieser oder jener Seite hin, die zu bekämpfen wären?

Oder kann man, Georges Clemenceau paraphrasierend, sagen: *L'histoire de la république fédérale est un bloc?*[1] Ist das, was die einen als Perversion und die anderen als Chance, die einen als Verirrung und die anderen als Prinzipientreue, die einen als Dekandenz und die anderen als noch zu erreichendes Ziel ansehen, – ist all dies denn etwas anderes als die Ausfaltung, das langsame Aus-sich-heraus-Gebären, die logische Folge der Gründungsbedingungen der Republik? Muß, wer Adenauer sagt, nicht auch Rudi Dutschke sagen und wer Strauß sagt, nicht auch Otto Schily und

[1] »La révolution française est un bloc«, – so die Antwort Clemenceaus auf den Versuch, eine zu bejahende und eine zu verneinende Etappe der Französischen Revolution zu unterscheiden.

sogar Rote-Armee-Fraktion sagen?[2] Muß man die Bundesrepublik, deren innere Konflikte sowohl reale Folgen haben als auch völlig schattenhaft anmuten, nicht entweder *in toto* akzeptieren oder *in toto* ablehnen?

Vor allen leicht kleinmütig stimmenden Erwägungen, wie es denn um die Erfolgsaussichten einer Politik bestellt ist, die die Nation wiedergewinnt, steht: Erkenne die Lage. Doch man erkennt die Lage nicht, solange man in der Ideologiekritik der erpressenden und Ohnmacht erzeugenden Bewältigungsindustrie steckenbleibt, solange man sich mit Kriegsschulddebatten u. ä. beschäftigen läßt.[3] Sondern die Bundesrepublik selbst, als Gebilde, das die Niederlage verewigen und die Unterwerfung ständig erneuern muß, steht zur Disposition.

Am 8. Mai 1945 wurden die Deutschen nicht befreit, sondern besiegt (Hans-Joachim Arndt) und die Geschlagenen haben bis heute weder einen Friedensvertrag noch sind sie, auch im westlichen Teil des Landes, souverän.[3a] Die Verfassung wurde 1948 unter der Aufsicht der Sieger entwikkelt. Was aber der Kernbestand dieser Verfassung ist, die von Autoren wie Dolf Sternberger und Kurt Sontheimer längst sakralisiert wurde und sprachlich und deshalb besonders verräterisch an die Stelle der Nation rückte (»Verfassungspatriotismus«), darüber streiten bis heute die Verfassungsjuristen[4], während man von den Postboten und Loko-

[2] Wer A sagt, muß auch B sagen. B ablehnen kann nur derjenige, der erkennt, daß A falsch war. – Die Geschichte der BRD ist eine Geschichte der schiefen Ebene.

[3] Bereits nach 1918 verfielen die Deutschen in den Fehler, eine Kriegsschulddebatte zu führen und damit befanden sie sich auf einem von den Siegermächten beherrschten Kampfplatz. Die Frage ist aber nie, wer Schuld am Krieg hat, sondern nur ob a) der geführte Krieg politisch sinnvoll war und b) ob es zu Verbrechen *im* Kriege kam. Ein Unterlegener hat nie Aussicht, eine Kriegsschulddebatte siegreich zu beenden; er kann nur auf das Recht des Staates zur Kriegführung verweisen.

[3a] Vergl. *Helmut Rumpf*, Land ohne Souveränität. Kritische Betrachtungen zur Deutschlandpolitik von Adenauer bis Brandt. 2., erw. Auflage. Karlsruhe 1973.

[4] Typisch dafür die Diskussion in dem von *Ernst Forsthoff* herausgegebenen Sammelband »Rechtsstaatlichkeit und Sozialstaatlichkeit« (Darmstadt

motivführern eine bündige Antwort verlangt. Diese Verfassung, formuliert nach den Vorgaben der Alliierten, den »Londoner Empfehlungen« und den »Frankfurter Dokumenten«, ist weder die Urkunde einer eigenen Entscheidung, noch die eines Sieges, noch die eines Mythos.[5] Die Existenz dieser Verfassung hat bis heute weder die Vorbehaltsrechte der Westmächte noch die Feindstaatenklauseln der UNO beseitigt. Wie jedes Geschenk eines Siegers, so diente auch dieses der Schwächung des Besiegten: Das deutsche Volk sollte sich der Verfassung anpassen, anstatt daß man die Verfassung dem deutschen Volke anpaßte.

Dieses erste, vom angelsächsischen Normativismus arrangierte Experiment ging nahtlos in ein zweites, von den Westdeutschen selbst betriebenes, über: Da niemandem eine auch nur notdürftig verbindliche Definition der Verfassung möglich ist, wird sie, anstatt der Boden zu sein, auf dem die (Rest-)Nation ihre Kräfte zusammenfaßt, der Boden, auf dem sie ihren latenten Bürgerkrieg austrägt und sie wird dies solange tun dürfen, solange ihre Vasallentreue nicht in Frage steht.

So sind die Kämpfe um die Verfassung vor allem fremdbestimmte Kämpfe um die jeweils als Ideal angesehene Anpassung. UND DESHALB IST DIE VERFASSUNG DAS GEFÄNGNIS, DEM ES ZU ENTRINNEN GILT. Friedrich Eberts großartiger Satz: »Und wenn wir vor der Frage stehen: Deutschland oder die Verfassung, dann werden wir Deutschland nicht wegen der Verfassung zugrundegehen lassen«, dieser Satz von 1919 erhellt die Lage

1968). Fast seit 1949 streitet sich eine verfassungstheoretische »Rechte« (etwa Ernst Forsthoff und Werner Weber) mit einer verfassungstheoretischen »Linken« (etwa Wolfgang Abendroth) darüber, ob die Bundesrepublik ein »Rechtsstaat« sei oder ein »sozialer Rechtsstaat« und ob sie sich, verfassungskonform, in ein sozialistisches System transformieren lasse oder nicht.

[5] Daß die Verfassung der BRD in einem Zustand vollständiger Unverantwortlichkeit und Ohnmacht geschaffen wurde, ist das Thema zahlreicher Arbeiten von Ernst Forsthoff und Werner Weber nach 1949. Beide glaubten freilich, man könne eine Art Auffangsstellung erreichen, – sie konnten sich die Schnelligkeit des Verfalls des Staatlichen nicht vorstellen.

nach 1945 nur ungenügend. Denn die Verfassung der II. Republik, vom Parlamentarischen Rat am 8. Mai 1949, dem Jahrestag der Kapitulation verabschiedet, war bereits in ihrer Entstehungsphase eine Verfassung gegen Deutschland.[6]

Vielleicht noch wichtiger als diese Verfassung für unsere Befindlichkeit und für die Prägung unserer politisch-moralischen Reflexe und Ansichten waren zwei andere, direkt von den Siegern veranstaltete Ereignisse: der Nürnberger Prozeß und die Entnazifizierung. In diesen beiden Ereignissen sind die Lineamente der Gegenwart eingezeichnet, in ihnen findet man die Skizze zu ihrer Realität und zu ihrem Ideenhimmel.

Nürnberg oder die Staatszerstörung

Nachdem sich der Nürnberger Gerichtshof etabliert hatte, schuf er sich seine Gesetze selbst und als Richter und Ankläger fungierten nicht neutrale Dritte, sondern Funktionäre beteiligter Mächte, bei denen es leicht war, sie ebenso wie die deshalb verurteilten Deutschen der »Kriegsverbrechen« und der »Verbrechen gegen die Menschlichkeit« zu bezichtigen. Der Anklagepunkt »Verschwörung« schließlich, mit dem die politische Tätigkeit der NSDAP von ihren Anfängen an bezeichnet wurde, wurde zum Ausgangspunkt der Bewältigungsindustrie.

Doch das Bedeutsame an Nürnberg ist nicht die oft kritisierte Justizkomödie, die die nationalsozialistische Verhöh-

[6] Daran ändert auch die Präambel nichts, deren rein deklamatorischer Charakter sich ständig erweist. Daß die Westintegration der BRD, von ihrem Beginn an von der Wiedervereinigung wegführend, den weitaus höheren Rang besitzt, zeigte sich am 17. Juni 1984: Die Westdeutschen gingen zur Europa-Wahl und das Bonner Parlament verlegte die Feierstunde auf den 16. Juni vor. Am Tag der deutschen Einheit bekräftigte man so die Spaltung und die Bonner Regierung, ständig die Präambel beteuernd, ermunterte zu dieser Bekräftigung indem sie eine hohe Wahlbeteiligung propagierte.

nung des Rechts in anderer, nur ungenügend durchschauter und deshalb gefährlicherer Form weiterführte und die eine der Ursachen für den in der BRD weit verbreiteten Rechtsnihilismus ist, nach dem das Recht nur und *nichts anderes* ist als der bloße Abdruck des Daumens der Macht. Der entscheidende Anklagepunkt hieß »Verbrechen gegen den Frieden« und dabei ging es um das alte Projekt, den »Angriffskrieg« zu ächten. Es war dieser Anklagepunkt, der – nicht nur für die Deutschen – den Weg zur Zerstörung des Staates öffnete.

Die Ankläger beriefen sich auf den Locarno-Pakt vom Oktober 1925 und den Kellog-Pakt vom August 1928; dahinter stand aber die Erinnerung an das »Genfer Protokoll betr. die friedliche Erledigung internationaler Streitigkeiten«[7], das am britischen Einspruch im März 1925 scheiterte. Hier wäre, so behauptete man, der allgemeine und verbindliche Verzicht auf den Krieg ausgesprochen und die These, daß das Recht auf den Krieg wesentlicher Bestandteil der staatlichen Souveränität sei, verneint worden. Deutschland hatte aber den Locarno-Pakt gekündigt und der Kellog-Pakt erwies sich schon im Abessinien-Krieg als Absurdum.[8] Vor allem aber enthielt er keine Ächtung aller denkbaren Kriege, sondern verurteilte den Krieg nur als »Instrument der *nationalen* Politik«. Jegliche Begriffsbestimmung des Krieges fehlte und die verschiedenartigen Formen moderner imperialistischer Politik wie Blockade, Rohstoffsperre, aber auch militärische Besetzungen ohne

[7] Vgl. dazu *Hans Wehberg*, Das Genfer Protokoll betr. die friedliche Erledigung internationaler Streitigkeiten, Berlin 1927. Der Wortlaut des Locarno- und des Kellog-Paktes ist z. T. abgedruckt bei *Carl Schmitt*, Das politische Problem der Friedensicherung, 2. A., Leipzig–Berlin 1934, S. 36ff. und S. 43ff.

[8] Vgl. *J. C. Fuller*, The first of the League Wars. A Study of the Abyssinian War, its Lessons and Omens. London 1937. – Als es darum ging, den Deutschen das Genick zu brechen, war, siehe Nürnberg, ausgerechnet der Kellog-Pakt, dieses Dokument einer äußersten Verharmlosung des Politischen, dazu dienlich. Die äußerste Feindschaft wurde durch ein Dokument legitimiert, das die Feindschaft verdammte, wenn nicht leugnete. Für satirische Darsteller der menschlichen Verlogenheit wie für Theoretiker des Politischen ein noch nicht erkanntes Thema!

Kriegserklärung, etwa die Landung amerikanischer Truppen 1928 in Nicaragua oder der Einfall Japans 1931 in die Mandschurei, galten in der Völkerbundliteratur nicht als Krieg, sondern als »Expedition«, »Sanktion«, »Konflikt«, »friedliche Besetzung«, usf.[9]

Ganz abgesehen davon beanspruchten die Unterzeichnermächte alle nur denkbaren Vorbehalte. So sparte der Kellog-Pakt gerade die typisch angelsächsischen Kampfmittel aus bzw. gab ihnen sogar, unter pazifischem Banner, eine Weihe.[10] Damit wurde die klassische These *Inter pacem et bellum nihil medium* auch in der Theorie *ad acta* gelegt.[11]

[9] Vgl. dazu *Carl Schmitt*, Positionen und Begriffe im Kampf mit Weimar–Genf–Versailles 1923–1939. Hamburg o. J. (1940), S. 176ff. (Aufsatz »Völkerrechtliche Formen des modernen Imperialismus«).

[10] Vgl. ebd., S. 177/78

[11] Vgl. Carl Schmitt, »Inter pacem et bellum nihil medium«, in: *Zeitschrift der Akademie für Deutsches Recht*, Okt. 1939; in erweiterter Form u. d. T. »Über das Verhältnis der Begriffe Krieg und Feind«, in »Positionen und Begriffe«, a. a. O., S. 244ff. Dort wird, S. 247, aus der Schrift des später in USA emigrierten Kritikers Carl Schmitts, *Josef L. Kunz*, Kriegsrecht und Neutralitätsrecht, Wien 1935, S. 8, zitiert: »Die Wirkung von Völkerbundpakt und Kellogpakt scheint die werden zu wollen, daß in Zukunft zwar keine Kriege mehr geführt werden, aber militärische Aktionen größten Stils sich als ›bloße Feindseligkeiten‹ ausgeben, was kein Fortschritt, sondern ein Rückschritt ist.« – In der Gegenwart ist diese Verfahrensweise schon normal geworden, selbst der Vietnam-Krieg war nur ein ›conflict‹ und eine der Folgen ist, daß die Vietnam-Veteranen bei der Invaliden-Rente schlechter abschneiden als die Veteranen des II. Weltkrieges.

Daß die einstmals klare Unterscheidung von Krieg und Frieden hinfällig wurde, hat natürlich gewichtigere Gründe, etwa militärtechnische. Aber es kann ja nicht Aufgabe des Völkerrechts sein, den Unfrieden zusätzlich durch Theorien zu schüren, indem man aufs neue nach dem Gerechten Krieg sucht oder der schlechten Wirklichkeit hinterherläuft, um diese dann ›pazifistisch‹ zu verharmlosen. Es wäre eine Pflicht der westdeutschen Völkerrechtswissenschaft, die Ideologie der Genfer Liga und der Alliierten, von Versailles bis Nürnberg, einmal auseinanderzunehmen. Ausgangspunkt könnten Carl Schmitts Schriften zur Rheinlandbesatzung, zum Völkerbund, zum diskriminierenden Kriegsbegriff und zum Großraum sein. Doch gerade hier ist dieser riesige wissenschaftliche Apparat völlig steril und es kennzeichnet die Lage, daß eine große, auf vier Bände geplante Edition der Schriften Schmitts zum Thema verhindert wurde.

Am ergiebigsten und grundsätzlichsten zu diesem Thema Schmitts wie fast immer die betr. spanische Literatur; vgl. etwa *Luis Garcia-Arias*, La

Durch diese Art von Juridifizierung wurden die dennoch stattfindenden Kriege aber nicht in einen neuen Rechtszustand überführt, sondern verblieben in einem *clair-obscur*; zum anderen war jetzt, gerade durch die Diskriminierung des bisherigen Krieges, die Möglichkeit zu besonders unmenschlichen Kriegen gegen einen jeweiligen »Feind der Menschheit« gegeben. Der Feind wurde von nun an bereits als Kriegführender zum Verbrecher, sein Land durfte geteilt und sein Volk umerzogen werden, man konnte ihm eine Verfassung oktroyieren, ihm einen Friedensvertrag abschlagen usf. Die Zerstörung des Europäischen Völkerrechts in Nürnberg stieß die Tür auf zu den modernen Subversions-, Revolutions-, *counterinsurgency*-Kriegen und wer nach diesem Urteil noch zu den Waffen griff, mußte die edelsten moralischen Ziele für sich reklamieren, von denen aus jede Begrenzung der Feindseligkeiten und des Hasses unmöglich wurde.[12]

Wer dem Staat das Recht auf den Krieg abspricht, trifft ihn in dem, was ihn ausmacht: Souveränität.[13] Da aber aus

Guerra Moderna y la Organizacion Internacional, Madrid 1962 sowie, eher geschichtsphilosophisch und -theologisch denn politiktheoretisch, *Alvaro d'Ors*, De la Guerra y de la Paz, Madrid 1954. Die Schrift von *Pier Paolo Portinaro*, La crisi dello jus publicum europaeum. Saggio su Carl Schmitt, Milano 1982, bleibt leider im Juristischen stecken. Wichtig die Hinweise bei *Wilhelm Grewe*, Epochen der Völkerrechtsgeschichte, Baden-Baden 1984 (Habilitation von 1941).

[12] Vgl. etwa die ideologiegeschichtlichen Hinweise bei *Hanno Kesting*, Geschichtsphilosophie und Weltbürgerkrieg, Heidelberg 1959 und *Reinhart Kosselleck*, Kritik und Krise, Freiburg 1959.

[13] Man kann nun, etwa mit *Paul Barandon*, Die Vereinten Nationen und der Völkerbund in ihrem rechtsgeschichtlichem Zusammenhang, Hamburg 1948, behaupten, daß »nach der Rechtsentwicklung, die von der Völkerbundssatzung über den Kellog-Pakt usw. bis zur Charta der Vereinten Nationen und zum Nürnberger Urteil geführt hat, ... es wenigstens in der Theorie keinem Zweifel unterliegen (kann), daß ein Krieg im klassischen Sinne heute rechtlich nicht mehr möglich ist« (S. 162). Aber abgesehen davon, daß die »Kriegsverbote«, die »Verbote des Angriffskrieges« usf. äußerst lückenhaft sind (vgl. *Wilhelm Grewe*, Epochen der Völkerrechtsgeschichte, a. a. O., S. 716ff., u. ö.), bedarf ihre Fadenscheinigkeit nicht des Kommentars. Das Ergebnis ist eben, daß es nicht nur zur Verdammung des Angriffskrieges kommt, sondern »daß auch der Krieg aufhört, ein Rechtsverhältnis zwischen rechtlich gleichstehenden Partnern zu sein« (*Barandon*, a. a. O., S. 162) und daß es zu Urteilen wie in Nürnberg kommt, die eben

der Souveränität nicht nur das Recht über den Krieg und Frieden resultiert, kann dem Staat von nun an auch alles andere, zumindest auf der Ebene des ideologischen Kampfes, abgesprochen werden. Der Staat war von Hitler genug demoliert worden; Nürnberg gab ihm den Rest, anstatt zu retten, was zu retten war. Die endgültige Diskriminierung des Krieges als eines Verbrechens mußte, da es von nun an keinen gerechten Feind mehr gab, den Frieden unauffindbar machen und den schwelenden Weltbürgerkrieg intensivieren.[14] Die ganz sicher unlösbare Frage aber, was denn ein Angriffskrieg sei, wurde, anstatt aus dem Verkehr gezogen, zum Spielmaterial für Propagandateams und -kollektive und für »Angegriffene« aller Art, während das unter modernen Bedingungen zugegebenermaßen vielleicht unlösbare Problem der Hegung des Krieges nicht einmal geahnt wurde.[15]

nicht ein neues Völkerrecht einleiten, sondern das alte beerdigen und an die Stelle von etwas nicht mehr Zureichendem ein Schlechteres setzen. Man zog aus dem Zweiten Weltkrieg genau die falschen Konsequenzen. Man muß *Carl Schmitts* Die Wendung zum diskriminierenden Kriegsbegriff, München/Leipzig 1938 als die Prognose dieser Entwicklung lesen. – Die Einwände gegen die Souveränität sind bekannt und haben ihre guten Gründe. Doch der Kampf gegen die Souveränität führt eben nicht zum Frieden. Wenn *Hans Kelsen*, Das Problem der Souveränität und die Theorie des Völkerrechts. Beitrag zu einer Reinen Rechtslehre. 2. A., Tübingen 1928, S. 320 klagt: »Der unbefriedigende Zustand dieses Zweiges der Rechtswissenschaft rührt aber letztlich daher, daß das soziale Bewußtsein in seiner Entwicklung vom Individuellen zu immer weiteren Kreisen noch nicht die Schranken der Nation und des national oder sonst begrenzten Staates (von Kelsen gesperrt, G. M.) gesprengt, noch nicht zu einem Menschheitsbewußtsein sich ausgeweitet hat«, so fragt sich nicht nur, ob diese Erreichung einer »civitas maxima« (Kelsen) nicht mehr als ein Bewußtseinsproblem darstellt, nämlich wer und mit welchen Mitteln sie durchsetzt. Wer entscheidet? Ignorieren wir die phantastische Idee eines Weltstaates, die bei Kelsen und seinen Schülern (etwa John H. Herz) umhergeistert, so bleibt nur der weltweite Interventionismus durch *eine* Supermacht übrig.

14 Vgl. *Julien Freund*, La paz ›inencontrable‹, in: *Revista de Politica Internacional*, Sept./Okt. 1963.

15 Zur Hegung des Krieges vgl. *Carl Schmitt*, Der Nomos der Erde im Völkerrecht des Jus Publicum Europaeum, Köln 1950. – Eine Studie über die so zahllosen wie vergeblichen Versuche, den »Angriffskrieg« zu definieren, steht m. W. noch aus. Vgl. jedoch: *Ernst Wolgast,* Völkerrecht, Berlin 1934, S. 899, *Friedrich Berber*, Lehrbuch des Völkerrechts, 2. Bd., München/Berlin 1982, 2. A., S. 186f., *Wilhelm Grewe* a. a. O., S. 728ff.

Durch die Zerstörung des Staates, bei der die Zerstörung des Europäischen Völkerrechtes ein wichtiges Moment war, gelang den Alliierten und den dann sie übertrumpfenden deutschen Umerziehern eines der beeindrukkendsten ideologischen Manöver der modernen Geschichte. Mit Erfolg behaupteten sie, der Nationalsozialismus sei *der* Staat schlechthin gewesen und verwandelten den nationalsozialistischen Unstaat und Behemoth in einen, wenn auch besonders brutalen Leviathan; und dies trotz der notorischen Staatsfeindschaft der Nazis. Um den Leviathan schlachten zu können, ernannte man den Behemoth zum Leviathan: eine totalitäre Bewegung wurde zum totalitären Staat. Und damit war die letzte Runde im Kampf gegen den Staat, gegen den *deutschen* Staat, eröffnet.

Von nun an konnte jeder Ruf nach der ordnenden Hand des Staates, nach der Kontrolle des Staates über die »Söhne des Stolzes« (Thomas Hobbes), nach einer funktionierenden Polizei, nach einer das Gemeinwohl notfalls autoritär durchsetzenden Verwaltung, als gefährlich, totalitär, faschistisch usf. denunziert werden. Die Gesellschaft aber, die Freiheit des einzelnen, um die es angeblich dauernd ging, viel stärker bedrohend als der Staat bzw. dessen Reste, wurde sakrosankt erklärt. Und so erfuhr der Staat nach seiner nationalsozialistischen auch noch seine spätliberale Demontage, die dann mit Ludwig Erhard zum Regierungsprogramm wurde.[16]

Die Verteufelung des Staates war freilich noch nicht ausreichend, um die Deutschen zu schwächen und sie so lange

[16] Daß ausgerechnet zwei »Enkel« Carl Schmitts, nämlich Rüdiger Altmann und Johannes Groß, sich Ludwig Erhard zur Verfügung stellten und die »Formierte Gesellschaft« erfanden, diese Wunschvorstellung eines ›autoritären Liberalismus‹ wirkt nachgerade komisch. Erhard verkörperte wie kein zweiter den Glauben an die Abschaffbarkeit des Politischen durch Ethik und Ökonomie und so das »liberale Syndrom«. Altmann und Groß folgten hier der irrigen These des ›technokratischen‹ Konservatismus à la Schelsky, daß die ›Sachzwänge‹ der modernen Ökonomie und Technik entpolitisierend wirken und daß es jetzt darauf ankomme, diesen Sachzwängen zum Durchbruch zu verhelfen; eine These, die auch dadurch nicht triftiger wird, daß ihr u. a. Forsthoff und Gehlen anhingen. Diese Illusion einer Neutralisierung des Politischen durch Technik und Ökonomie hatte Schmitt bereits ab 1922 ungezählte Male mit guten Gründen zurückgewiesen.

wie möglich von der Verfolgung ihrer Interessen – Erlangung der Souveränität – abzuhalten. Die Verteufelung der Nation und des Nationalismus mußte hinzutreten.[17] Folglich war Hitler nicht nur der Staat gewesen, er war auch die Verkörperung des nationalen Prinzips, – Hitler, der doch nur an die Rasse glaubte und dem 1945 das Schicksal der Deutschen vollständig gleichgültig war, der die Nation immer nur als Sprungbrett für seinen (Rassen-)Imperialismus benutzt hatte. Staat und Nation wurden in Versailles, wo Hitler zur Welt kam, und in Genf beschädigt; in Nürnberg gab man ihnen den Todesstoß und schuf damit das »Super-Versailles« (v. Lohausen).

Diesmal gehörte nicht nur die Kontrolle des Landes, seiner Politik, seiner Ökonomie und seiner Armee dazu, sondern auch die Kontrolle seiner Seelen und Gehirne. Dieser Prozeß ist zur Genüge geschildert worden, – ein Aspekt scheint mir aber zu kurz gekommen zu sein: der illusionäre Charakter der Bewältigungs- und Aufarbeitungsliteratur.

[17] »Hört, sagen die Scholasten unserer neuartigen Juristen, es gibt ein ganz einfaches Mittel, um zu erkennen, ob die Organisation, der ihr angehört, Gefahr läuft, eines Tages als verbrecherisch erklärt zu werden. Zunächst einmal müßt ihr mißtrauisch sein vor jeder Art von Energie. Wenn ihr irgendwo außerdem noch das kleine Eigenschaftswort ›national‹ hört, wenn man euch auffordert, Herr im eigenen Haus zu sein, wenn man euch von Einigkeit und Disziplin, von Kraft und Größe spricht, dann könnt ihr nicht mehr abstreiten, daß es sich um wenig demokratische Absichten handelt, und daß ihr somit Gefahr lauft, eure Organisation eines Tages verbrecherisch werden zu sehen. Mißtraut also solchen bösen Gedanken und schreibt euch hinter die Ohren, daß das, was wir verbrecherisch nennen, immer von dergleichen Absichten getragen wird.« So der Franzose *Maurice Bardèche*, Der Weg nach vorn. Teil I, Nürnberg oder Europa, Teil II, Das Ei des Kolumbus. Göttingen o. J. (1953?), S. 27, dem wohl scharfsinnigsten Buch über Nürnberg. Es erschien auch eine deutsche Parallelausgabe u. d. T. »Nürnberg oder die Falschmünzer«; die mir leider nicht zugängliche Originalausgabe trägt den schönen Titel: »Nuremberg ou la terre promise« (Paris 1948).

Der antifaschistische Homunculus

Diese Literatur, von ihren Anfängen bis zu den Tagen Karl Dietrich Brachers, schafft und stabilisiert die gedankliche Nicht-Bewältigung des Nationalsozialismus und dies ist auch, entgegen ihren Verlautbarungen, ihr Zweck. Wer diesen Himalaya von Papier bezwang, vermag nur zu dem Schluß zu kommen, daß unsere Väter entweder Verbrecher oder Schwachsinnige oder heroische Märtyrer waren, – *quartum non datur.* Diese Literatur fordert nämlich einen Menschen, der ein wahrhaft phantastischer Homunculus ist. Dieser Mensch mußte 1933 wissen, was 10 Jahre später in Auschwitz geschah; er verfügt über eine göttliche Prognosefähigkeit, ein enormes organisatorisches Talent im Aufbau von Widerstandsgruppen; eine unbeschränkte Gier, sich Informationen zu beschaffen; einen größeren Weitblick als die Regierungen der USA, der UdSSR, Frankreichs und Großbritanniens zusammengenommen und endlich ist ihm auch der Fernste noch der Nächste. Wie und warum Hitler kam, worin die tiefe Plausibilität seines Sieges bestand, wie die politische und soziologische Wahrnehmung eines Menschen funktioniert, wie weit sich die moralische Phantasie erstrecken kann und zuletzt: welche legitimen Interessen Hitler keineswegs nur demagogisch befriedigten, – all dies, was es doch zu erklären und zu verstehen gälte, »damit so etwas nie wieder vorkommt«, – davon erfährt man in dieser Literatur beinahe nichts. So dient sie auf weiten Strecken der Verdunkelung, der Mystifikation, der moralischen Erpressung und ist deshalb Gegenaufklärung im wahrsten Sinne. Da man Hitler nicht erklärt, kann er nicht sterben, – er darf ja nicht sterben. Nebenbei kann man noch die deutsche Geschichte in ein Verbrecheralbum, betitelt »Von Luther zu Hitler« umwandeln.[18] Und so wirkt diese Literatur, deren Vertreter dau-

[18] Diese Literatur gab es schon ab 1918, damals hätte man sie freilich mit »Von Luther zu Ludendorff« überschreiben müssen. Sie ist in beinahe allen weltanschaulich-politischen Lagern zu finden. Katholisch etwa bei *Hugo*

ernd fordern, daß noch mehr bewältigt und aufgearbeitet werde, nicht nur staats-, sondern auch volkszerstörend; sie ist ein Beitrag zum psychischen Genocid am deutschen Volk bzw. am deutschen Autogenocid.[19]

Die Entnazifizierung oder: Der mündige Bürger

War Nürnberg die Einleitung zur prinzipiellen und in sich keine Grenzen kennenden Staats- und Nationsfeindschaft – und wenn das Politische nicht vom Staat und von der Nation aus formuliert wird, vagabundiert es –, so mußte für das noch zu gründende staatsfeindliche Gemeinwesen, schon um der Instabilität vorzubeugen, das richtige Individuum geschaffen werden. Der neue, demokratische, mündige, kommunizierende und konsumierende Bürger wurde

Ball, Zur Kritik der deutschen Intelligenz, Bern 1919 und *ders.*, Die Folgen der Reformation, München–Leipzig 1924, nach dem II. Weltkrieg etwa *Karl Buchheim*, Leidensgeschichte des zivilen Geistes oder Die Demokratie in Deutschland, München 1951. Marxistisch: *Georg Lukács*, Die Zerstörung der Vernunft oder *Alexander Abusch*, Der Irrweg einer Nation. Liberal: *Hellmuth Plessner*, Die verspätete Nation. – Der Hintergrund ist dabei immer ein Schema von einer vernünftigen, gelingenden Nationwerdung (etwa der französischen oder englischen) und vom unbedingten Muß einer bürgerlichen Revolution. Man könnte über diesen historischen Normativismus lächeln, würde er nicht bis heute zu den allerheiligsten Überzeugungen der Umerzogenen und Sich-Umerziehenden gehören, die ständig »die deutsche Misere« beklagen und ununterbrochen »an Deutschland leiden«. Sie leiden aber nicht an Deutschland wegen seiner Schwäche und Selbsterniedrigung, sondern wegen seiner tatsächlichen oder maßlos übersteigerten Sünden der Vergangenheit. Abgesehen davon, daß »ein jedes Volk seine Hitler-Zeit hat«, (Anwar el-Sadat) ist Patriotismus ein Zeichen der Gesundheit. Die Krankheit der Deutschen liegt nicht in ihren Sünden, sondern in der Fixierung an diese. Im übrigen: Wenn unsere Entwicklung unnormal war, wenn wir zu spät zur Nation kamen, – weshalb sollen wir dann nicht wenigstens heute eine sein??

[19] Selbst nach den Vorstellungen der UNO gibt es einen psychischen Genocid, indem man etwa einem Volke seine Kultur, sein Gedächtnis raubt (und durch ein anderes ersetzt). Wenn Angehörige eines Volkes selbst diese Zerstörung betreiben, ist die Zeit für klare Feinderklärungen *innerhalb* dieses Volkes da . . .

in nuce mit der Entnazifizierung geschaffen. Die Beziehung zwischen Gesinnung und Brotkorb wurde den Geschlagenen deutlich eingeschärft und so verloren sie den letzten Rest an Zivilcourage, falls ihnen davon der Nationalsozialismus etwas übriggelassen hatte. Demokratie und Heuchelei gingen eine Verbindung ein, die heute vollkommen naturhaft wirkt. Ich war nicht dabei, ich war immer dagegen, ich war nicht dafür, ich wußte von nichts, ich hatte eh nichts zu sagen, ich kann mich an nichts mehr erinnern. Damit die Umzuerziehenden die Gefilde der Demokratie betreten durften, mußten sie möglichst erfolgreich lügen. Und so wurde die Lüge das Fundament der bis dahin ja in Deutschland unbekannten »Freiheit«!

War Nürnberg die Zerstörung des Staates und die Zerstörung des geschichtlichen Selbstverständnisses, so bedeutete die Entnazifizierung, unter dem Vorwand des Zur-Verantwortungziehens, die Abschaffung des sich verantwortlich fühlenden Ichs und die Erschaffung des neuen, geläuterten Ichs, das, geldgierig, sanftmütig und schlau, von nun an mit seinem Interessenverband in der monotonen Steppe des Pluralismus heulte.[20] Dieses befreite, demokratische, von Vorurteilen erlöste, aufbauende und sich jedes autoritären Gedankens entschlagende Ich kennt so viele Denk-Tabus, daß sie nicht mehr zu zählen sind, und es ist so kritisch und mündig, daß es glaubt, es sei frei. Und weil dieses Subjekt in den frühen 50er Jahren noch nicht

[20] Entgegen allen Verlautbarungen der westdeutschen Soziologie und Politologie leben wir gerade heute nicht in einer »pluralistischen« Gesellschaft. Es gab sie etwa in Weimar, als es ein nationales, ein kommunistisches, ein katholisches, ein sozialdemokratisches etc. Milieu gab, – mit den entsprechenden Ideologen, Zeitschriften, Verlagen usf. Davon kann keine Rede mehr sein. Wir haben heute nur ein einig Volk von Verfassungspatrioten, die »unsere freiheitlich-demokratische Grundordnung« verteidigen gegen »links und rechts«. Die CDU/CSU soll dabei nach rechts »integrieren«, die SPD nach »links« und beide zusammen sich vor dem Altar des »freiheitlichen Rechtsstaates«, der kein Staat mehr ist, verneigen. Herauskommt bzw. wird gefordert eine neue Art der Volksgemeinschaft, zu beobachten bei der hysterischen Angst der Auguren, wenn sich größere Gruppen dem Dialog »entziehen«, »aussteigen«, »die Kommunikation verweigern« oder gar Wahlenthaltung üben. Besonders eifrig ist hier der SPD-Geschäftsführer Peter Glotz. Das Ziel ist: *Alle* sollen am Betrug teilhaben!

gänzlich vorherrschend war, staunen wir heute noch über die intellektuelle Produktivität und künstlerische Kraft dieser vielgescholtenen und kaum begriffenen Zeit...

Heute aber hat sich dieses Subjekt durchgesetzt und das Ineinander von Genußsucht und Zerknirschung (wobei die Zerknirschung die Genußsucht häßlich macht und die Genußsucht die Zerknirschung verewigt) zeichnet sich längst nicht nur auf den Gesichtern unserer Elite ab.

Die Jüngeren der Entnazifizierten wie die Söhne der Älteren von ihnen, der Flakhelfer[21], ausgerechnet sie mußten sich dann ab 1967 als »autoritär« beschimpfen lassen, sie, die händeringend-demütig darum baten, angehört zu werden, auf daß sie ein paar Freundlichkeiten für den prosperierenden *status quo* und die pluralistische Demokratie los wurden. Die Kapitulation der Flakhelfer vor der »kritischen« Jugend – welch ein Satyrspiel! Gerade in ihren härteren Kadern war diese Jugend der Überzeugung, daß diese »autoritären« Väter nur schnell zur Seite zu schiebende Pappkameraden seien. Und tatsächlich zeitigte das Gemisch von »Wir-sind-wieder-wer« und »Nie-wieder-Krieg« und »Gerade-wir-Deutschen«, verbunden mit dem diffusen, ständig ausbeutbaren Schuldgefühl, diesem Signum einer Epoche, in der die Schuld soziologisch und psychologisch aufgelöst wird, tatsächlich zeitigte es das permanente Zurückweichen. Und dabei war gerade die APO eine Bewegung, die nach Autorität lechzte, ein Aufstand der Söhne gegen die Väter mit Hilfe der Großväter (Ernst Bloch, Herbert Marcuse), eine dem Personenkult sich fast weihende Bewegung!

Aber die Väter waren eben keine Väter mehr. Und so mußte man sie nicht mehr erschlagen, sondern arrangierte sich mit ihnen; anstatt daß man die Väter überwand, um sie am Ende vielleicht doch noch lieben zu lernen, entwickelte man ihnen gegenüber jene Mischung aus zynischer und kalkulierter Verachtung, die in die Komplizenschaft mündete.

[21] Natürlich müssen die betreffenden nicht unbedingt Flakhelfer gewesen sein; gedacht wird hier an die Jahrgänge etwa zwischen 1926 und 1932, also vom Noch-Leutnant bis zu den »weißen Jahrgängen«.

Denn der Aufstand in der vaterlosen Gesellschaft[22] vermag keine neuen Ordnungen zu schaffen, sondern macht auch noch die Attackierten selbst zu Spießgesellen bei der Zerstörung aller Inhalte und Gehalte. »Allem was noch steht, wird das Mark aus den Knochen geblasen« (Arnold Gehlen).

Die spätliberale *open society*, wehrlos gegenüber solchen Angriffen, formte sie rasch um zu einem Teil ihres Spektakels: Es gelang ihr, selbst die entschiedensten Revolutionäre zu korrumpieren. Andreas Baader beschwerte sich, weil er nicht genug Bücher und Schallplatten auf der Zelle habe, während Auguste Blanqui und Michael Bakunin, die Hälfte ihres Lebens eingekerkert, nie auf die Idee kamen, dies monströs zu finden: Sie hatten ja das Äußerste gewagt und waren geschlagen worden.

Die Umwandlung des Revolutionärs in ein Subjekt, das die Vorteile des Gangsters, des Märtyrers und des Rechtsanspruchs-Besitzers kombiniert, ist jedoch kein Anlaß zur Genugtuung. Das bürgerliche Zeitalter errang seinen Glanz und seine Kultur nicht zuletzt wegen der es bedrohenden revolutionären Gefahr, es verdankte seine Spannung dem Kampfe zwischen Elite und Gegen-Elite. Heute aber ist der Feind des Systems nur dessen radikalisierter Wurmfortsatz, er will dessen Höher-Weiter-Besser, doch ohne Anstrengung, und in der Verweigerungshaltung kehren nur trübe die herrschenden Imperative wieder: Sei clever, schlau und geldgierig, meist ergänzt um das »Sei dagegen, doch ohne Risiko«. Und weil niemand mehr verbrennen will, wird es dunkel.

Was ist nun aber der gemeinsame Nenner dieser Welt fliehender Erscheinungen, dieser Kämpfe, an denen man ein wirkliches Interesse nicht entwickeln kann, dieser Ballungen von Monaden?

[22] Daß es gar nicht um einen anti-autoritären Aufstand ging, sondern um ein Wüten bereits Vaterloser, das zur Anpassung führen mußte, wurde auf der Linken eher erkannt als auf der Rechten, dort aber, weil nicht opportun, ignoriert. Vgl. etwa *Alexander Mitscherlich*, Auf dem Weg zur vaterlosen Gesellschaft, München 1963 und *Frank Böckelmann*, Die schlechte Aufhebung der autoritären Persönlichkeit, Frankfurt 1971.

Auch hier stoßen wir, jenseits aller für die modernen post-industriellen Gesellschaften typischen Entwicklungen auf Nürnberg, auf die Entnazifizierung, auf die Verfassung. Wo es keinen Staat mehr gibt, sondern eine Wirtschaftsgesellschaft, wo es keine Nation mehr gibt, sondern ein Komposit von *pressure groups*, da gibt es auch keine Ich-starken Subjekte mehr. Und wo es keine Autorität mehr gibt, kommt selbst der Anarchist auf den Hund. In einem solchen Land müssen sich alle Dekadenzphänomene der Moderne verschärfen, – wobei obendrein die Dekadenz ihre eleganten Möglichkeiten verliert.

In den Anfangsjahren der Republik wurde dieser Prozeß noch hintangehalten oder verdeckt. Konrad Adenauer, Theodor Heuß, Kurt Schumacher, Georg August Zinn, Wilhelm Kaisen, Max Brauer, Hans Böckler, Ernst Reuter, – es war das letzte Aufgebot autoritärer Patriarchen. Sie übernahmen eine vaterlose Gesellschaft, um eine neue vaterlose einzuleiten; sie bildeten die Brücke vom brutalen Totalitarismus Hitlers zum »pluralistischen« Totalitarismus der BRD, sie verschleierten eine Zeitlang noch deren Struktur- und Hierarchielosigkeit.[23]

[23] Ihre Herrschaft läßt sich nur als Interregnum begreifen. – Man muß nicht Kabarettist sein um zu sehen, daß Deutschland heute immer noch regiert wird von jenem jugendlichen Kanzler, der 1933 ganze 44 Jahre alt war und damit innerhalb seiner Elite zu den Ältesten zählte. Denn wenn es einen Konsensus gibt dann den, ALLES zu vermeiden, was auch nur entfernt mit Hitler assoziiert werden kann. Und so betrachtet bestimmt Hitler immer noch die Richtlinien der Politik.

Die BRD kann die Ausländerfrage nicht lösen – wegen Hitler! Sie kann die Frage der inneren Sicherheit nicht lösen – wegen Hitler! Sie kann ihre Armee nicht zu einer kriegsfähigen Truppe formen – wegen Hitler! Sie kann keine wirklich effizienten Notstandsgesetze verabschieden – wegen Hitler! Sie fürchtet den Vorwurf des Anti-Amerikanismus – wegen Hitler! Und den des Anti-Kommunismus – wegen Hitler! Sie kann die Kriminalität nicht eindämmen – wegen Hitler! Sie versagt sich die Rechte, die jeder Nation zustehen – wegen Hitler! *Wie lange noch die Regierung Hitler?*

Das liberale Syndrom

Aber nicht Konrad Adenauer, sondern Ludwig Erhard ist die Schlüsselfigur dieser Republik gewesen, und er, der Oppenheimer-Schüler, wollte wie sein Lehrer »den Staat ausrotten«, wollte »das politische Mittel durch das ökonomische ersetzen«, wollte sich von der Politik als der Entscheidung über Freund und Feind dispensieren zugunsten von Ethik und Ökonomie[23a]. Die drei großen Lizenz-Parteien, die die Neuauflage der Bismarckschen »Reichsfeinde« darstellten und im Affekt gegen ein starkes, die Mitte Europas organisierendes Deutschland vereint waren; die ihre früheren Loyalitäten außerhalb der Nation verorteten – in der Römischen Kirche, im internationalen Proletariat und in einer übernationalen Wirtschaftsgesellschaft von Weltbürgern, jetzt und heute in einer Fiktion namens »Europa«: Sie folgten nur zu bereitwillig. Was war und was ist denn die Substanz dieses Denkens? Carl Schmitt hatte es 1927 charakterisiert, und es genügt ein kurzer Blick, um festzustellen, daß die Auseinandersetzungen in der BRD sich fast allesamt *innerhalb* dieser Mentalität abspielen:

»Ethisches Pathos und materialistisch-ökonomische Sachlichkeit verbinden sich in jeder typisch liberalen Äußerung und geben jedem politischen Begriff ein verändertes Gesicht. So wird der politische Begriff des *Kampfes* im liberalen Denken auf der wirtschaftlichen Seite zur *Konkurrenz*, auf der anderen, »geistigen« Seite zur *Diskussion*; an die Stelle einer klaren Unterscheidung der beiden verschiedenen Status »Krieg« und »Frieden« tritt die »Dynamik« ewiger Konkurrenz und ewiger Diskussion. Der *Staat* wird zur *Gesellschaft*, und zwar auf der einen, der ethisch-geistigen Seite zu einer ideologisch-humanitären Vorstel-

[23a] Zu Oppenheimer vgl. auch die Bemerkungen *Carl Schmitts* in den verschiedenen Fassungen seines »Begriffs des Politischen«. – Die lebenslange geistige Bindung Ludwig Erhards an Franz Oppenheimer dokumentiert auch das Geleitwort des damaligen Bundeskanzlers zu: *Franz Oppenheimer*, Erlebtes–Erstrebtes–Erreichtes. Lebenserinnerungen. Düsseldorf 1964.

lung der *Menschheit*; auf der anderen zur ökonomisch-technischen Einheit eines einheitlichen *Produktions-* und *Verkehrssystems*. Aus dem in der Situation des Kampfes gegebenen, völlig selbstverständlichen *Willen*, den Feind abzuwehren, wird ein rational-konstruiertes *Programm*, eine *Tendenz* oder eine volkswirtschaftliche *Berechnung*. Aus dem *Volk* wird auf der einen Seite ein kulturell interessiertes *Publikum*, auf der anderen teils ein *Betriebs-* und *Arbeitspersonal*, teils eine *Masse* von *Konsumenten*. Aus *Herrschaft* und *Macht* wird an dem geistigen Pol *Propaganda* und *Massensuggestion*, an dem wirtschaftlichen Pol *»Kontrolle«*.[24]

Welche Politik und welche Art von Feindschaft auf der Basis einer solchen Entpolitisierung gedeihen kann, ist ein weites Feld. Wenn aber hier, in zugespitzter Form, die »Werte des Westens« formuliert sind, dann konnte der Westen mit ihnen nur leben, weil er sie, wie es der Aufbau und die Erhaltung sowohl des britischen als auch des nordamerikanischen Imperiums beweist, nie zur Gänze anwandte, ja, nie wirklich zum Tragen kommen ließ. Der Liberalismus konnte dort seine staats- und nationzerstörende Kraft nicht entfalten, weil er auf einem *bloc des idées incontestables*[25] beruhte, auf einem Bestand von verhaltensteuernden Werten und Mythen, die der Diskussion vollständig entzogen waren und von denen sich die gesamte politische Klasse dieser Länder verpflichtete: *Britannia rules the waves* und *Right or wrong, my country*. Weil die Revolution die Nation einte und stärkte, deshalb, und nur deshalb können noch heute Franzosen und Amerikaner sich auf die in der Revolution verkündeten, demokratischen Werte berufen. Wie immer es auch um diese stehen mag: Die Stärke der Nation ist incontestable, ist nicht bestreitbar, weil die Stärke der Nation die Bedingung dieser Werte, Ziele oder

[24] *Carl Schmitt*, »Der Begriff des Politischen«, in: *Archiv für Sozialwissenschaft und Sozialpolitik,* 1927, S. 1–33, hier S. 29.

[25] So der französische Rechtslehrer *Maurice Hauriou*, bes. in seiner Institutionenlehre Théorie de l'Institution et de la Fondation. Paris 1925 (Dt. Ausgabe, Berlin 1965).

Ideologeme ist. Sie sagen »Demokratie«, aber sie meinen »Nation«.

Doch solche einigenden Ressourcen, die offizielle Ideologie bestimmend und ihnen, im Zweifelsfalle, vorgelagert, besaßen die Deutschen nach 1945 nicht. Und deshalb mußte ihre Adaption der westlichen Demokratien sie bis ins Mark schwächen, sie so sehr schwächen, daß sie nicht einmal den Versuch wagten (1952), ihre Einheit wiederzugewinnen;[26] so sehr, daß sie nicht einmal fähig, ja, nicht einmal willens waren, die Stationierung atomarer Waffen, über die sie keinerlei Verfügungsgewalt besitzen, auf ihrem Boden zu verhindern: Hier setzte sogar die eigene Polizei die eigene nationale Ohnmacht mit dem Schlagstock durch. Diejenigen aber, die zu Recht erkannten, daß dies alles andere als Souveränität sei, wollten diese Souveränität auf Schwäche gründen und glaubten, die endgültige Bejahung der deutschen Teilung und der deutschen Schwäche führe zum Frieden.

Der ganze politische Kampf im Vorfeld der Pershing-Stationierung ging darum, für welche Kapitulation man sich zu entscheiden habe: für die sofortige Kapitulation gegenüber den USA oder für die mittelfristige gegenüber der UdSSR. Auf diese paradoxe Form des Bürgerkrieges, eines sekundären Bürgerkrieges, besitzen die Westdeutschen das Monopol. Es sind die Kämpfe von Sklaven, die, übereinander herfallend, alle »Freiheit« schreien.

[26] An der Ernsthaftigkeit der sowjetischen Note kann heute kein Zweifel mehr bestehen (vgl. *Rolf Steininger*, Eine Chance zur Wiedervereinigung? Darstellung und Dokumentation auf der Grundlage unveröffentlichter britischer und amerikanischer Akten. Bonn 1985). Die Reaktion Adenauers ist bekannt. Adenauer wird einmal in die Geschichte eingehen müssen als der Politiker, der mit äußerstem machiavellistischem Geschick die Schwächung seines Vaterlandes zum Ziele hatte und auch durchsetzte; ein wohl kaum noch einmal zu findender Gebrauch solcher Gaben. Bei Machiavelli sollten sie dazu dienen, »die Barbaren vom Boden des Vaterlandes zu vertreiben«. – Adenauer: das ist die Rache des polit. Katholizismus an Preußen.

Die Flakhelfer an der Macht

Inzwischen wird die BRD politisch, ökonomisch und intellektuell nicht mehr von den Vertretern der Vorkriegs- und Kriegsgeneration geführt; es ist in etwa die Generation der Flakhelfer, die in die Spitzenpositionen eingerückt ist. Zu dieser Generation gehört Helmut Kohl ebenso wie Hans Magnus Enzensberger, Hans Jochen Vogel ebenso wie Jürgen Habermas, Walther Leisler Kiep ebenso wie Ralf Dahrendorf.

In einem ist sich diese Generation einig: Nie wieder darf Deutschland eine Macht bedeutenderen Zuschnitts sein. Unaufhörlich betonen Vertreter dieser Generation, die allesamt glauben, die Macht sei böse und eine Macht für Deutsche das Böseste, daß Deutschland, auch als wiedervereinigtes, zur Schwäche verurteilt sei und ohne amerikanischen Schutz nicht überleben könne, – so als wäre Deutschland eine Art Liechtenstein und könne durch seine Bevölkerungszahl und seine Industrie nicht selbständig sein. Oder sie erklären, eine deutsche Macht könne von niemanden hingenommen werden und sei, komme es doch dazu, »gefährlich«. Wobei dieses »gefährlich« (übrigens eines der meist gebrauchten Wörter in der BRD) sich weniger auf die angeblich naturnotwendige Reaktion des außenpolitischen Umfeldes bezieht denn auf die Annahme einer besonderen moralischen Verworfenheit der Deutschen und deren unabwendbare Folgen.

Diese Generation, zu jung um die Prügel zu verstehen, die sie empfing, wurde ein Opfer der Gemeinschaftskundewelt, der Care-Pakete, der amerikanischen Stipendien für »Demokratiewissenschaft« (Politologie) und der Legenden vom britischen Parlament. Die schöne neue Welt, die die Vertreter dieser Generation nach Blut und Dreck erschauen durften, wurde von der einen Fraktion von ihr später als realisiert angenommen, von der anderen aggressiv eingefordert und diese Fraktion, besonders von Intellektuellen vertreten, kann man als enttäuschten Normativ-Demokraten bezeichnen, deren linke Flanke notwendig ungeschützt ist.[27]

In der Auseinandersetzung innerhalb dieser gesamten Generation geht es auch wieder um nichts anderes, als um die Art und Weise der Kapitulation, die es immer zu bekräftigen und immer zu erneuern[28] gilt und von der sich sagen läßt, was Tocqueville von der französischen Revolution sagte: *Elle recommencera toujours et c'est toujours la même.* Die Mitglieder dieser Schicht sind entweder Bejaher der Republik und ihrer Verfassung, weil sie, nehmt alles nur in allem, die proklamierten Ziele, die jetzt bedroht sind, erreicht habe. Oder sie sind enttäuschte, aber hartnäckige Liebhaber dieser Republik und ihrer Verfassung, weil diese ihre Versprechen nicht eingelöst habe. Die einen wollen die Nationvergessenheit und die Unterwerfung stabilisieren, die anderen wollen die Nationvergessenheit und

[27] Den Weg der deutschen Politologie von einer systemerhaltenden »Demokratiewissenschaft« zur »Fundamentalopposition« hat *Hans-Joachim Arndt* in seinem Buch »Die Besiegten von 1945«, Berlin 1978, aufgezeigt. Tatsächlich sieht man an der Entwicklung dieser von den Alliierten etablierten Wissenschaft, daß die Normativismen der »re-education«, am Anfang sich amalgamierend mit naturrechtlichen Vorstellungen, vollkommen ungeeignet sind, einem Staat zum ideologischen Fundament zu dienen. Ist das Ziel und der Zweck einer Gesellschaft »Demokratie« kann immer behauptet werden, daß es noch »mehr Demokratie« geben müsse. Die Vorstellung der westdeutschen Linken sind denn auch meist nur konsequente »Idealisierungen« der Wertmaßstäbe der re-education, der Verfassungsväter, des angelsächsischen Normativismus, ideologischer Gehalte also, die unter deutschen Bedingungen von Anfang an staatszerstörende Potentiale besaßen; die auch hier vielbemühte »Verfassung« ist nur das Kampffeld derer, die zum Kampf um ihre jeweils verschieden gedeutete Unterwerfung bereit sind. So haben wir eine normativistische, eine scientistische und eine marxistische politologische Schule. Aber keine machtrealistische. Dergestalt dient die westdeutsche Politologie vor allem zur Unterdrückung politischer Denkfähigkeit, sie ist die Hohe Schule der Entpolitisierung.

[28] Erneuerungen der Kapitulation sind u. a.: die Verabschiedung der Verfassung am 8. Mai 1949 (!), der Eintritt in die NATO am 8. Mai 1955 (!), die Unterschrift unter dem Atomwaffensperrvertrag, die Ablehnung der Verjährung, die Bejahung der Pershing-Stationierung u. v. a. Die nationale Ohnmacht ständig bekräftigen und wiederholen zu können, gehört zu den Karrierebedingungen; politische Macht hat in der BRD nur derjenige, der sich ihrer ständig entschlägt. Die Geschicklichkeit im *inner*politischen Machtkampf wird dadurch nicht beeinträchtigt, eher noch gesteigert.

die Unterwerfung verschärfen. Entwickelt man Verständnis für die letzteren, so vergißt man, daß sie den Abgrund, der vorhanden ist, vertiefen wollen. Glaubt man, die ersteren verteidigen zu müssen gegen die letzteren, so vergißt man, daß ihr Abgrund der vorhandene ist, der der anderen aber nur der ersehnte. Man kann sich auch hier zu Tode differenzieren und dabei vergessen, daß diese beiden Gruppen verbrüdert sind: Der eine Abgrund ruft den anderen hervor, – Feinde sind sie beide.[29]

Es geht also immer um diese Republik und um ihre Rettung. Das Ernstnehmen der liberaldemokratischen, zum Teil demokratisch-sozialistischen Verheißungen führte zum Kampf um die endlos interpretierbare Verfassung und in diesem Kampf wurde das Politische aufgelöst in die *juste milieu* - Gemütlichkeit des »Wir - können - über - alles - vernünftig-reden«, oder in den erpresserischen Diskurs, dessen Resultat feststeht oder in die beflissene Frage, wie es denn die anderen – angeblich! – machen.

Eine politische Idee zeichnet sich hier nicht ab und dies ist wohl auch, aufgrund des Souveränitätsdefektes, gar nicht nötig. Inzwischen haben wir Politiker, die redlich und

[29] Die Gefahr ist vielleicht gar nicht so ferne, daß eine neue, nationale Rechte in Versuchung gerät, dem System bei der Verteidigung gegen links zur Seite zu stehen. Das System ist aber der aktuellere und mächtigere Feind, während mit einigen Gruppierungen der Linken Möglichkeiten der Zusammenarbeit bestehen. Auch auf der rein theoretischen Ebene besteht für die Neue Rechte immer noch die Gefahr, sich in die Nähe von Positionen zu begeben, wie sie etwa von Hennis, Lübbe, Tenbruck u. a. vertreten werden. – Auf der Ebene der Alltags-Ideologie und Alltags-Politik versuchen inzwischen die Verfechter des *status quo* als Nationalisten zu posieren. National denkt danach, wer die West-Integration befürwortet und wer Anti-Kommunist ist, wer »stolz ist auf sein Land« (SPD) oder wer meint, die BRD sei »unser Vaterland« (CDU). Die Erhaltung und Hochschätzung der BRD gegen den inneren und den äußeren Feind, also die krude irdische Form des Sternbergerschen »Verfassungspatriotismus« ist danach, wenn nicht »national«, dann zumindest »patriotisch«. Daß hier sich wirklich anmeldende, wenn auch noch zaghafte Formen des Nationalbewußtseins im Systeminteresse »abgefangen« werden sollen (man lese dazu etwa das »Deutschland-Magazin«) ist offensichtlich.

Aber noch einmal: Der *status quo* ist die Krankheit und dessen angebliche Entartung nur die Folge.

ehrlich ihren eigenen Verlautbarungen über »unsere freiheitliche Grundordnung«, und was der erhabenen und leeren Entitäten mehr sind, glauben. Wer hier Zynismus oder Machiavellismus vermutet, geht vollständig in die Irre. Die abgeleitete Macht muß das Geheimnis der Macht nicht kennen, sie darf es vielleicht nicht einmal.

Politik sollte hier ersetzt oder überwunden werden durch Prosperität, und als das Wachstum des Sozialprodukts gefährdet war, zeichnete sich der tabuierte Ernstfall ab. »Sie sehen, dieser moderne Sozial- und Verteilerstaat leidet unter der Paradoxie, daß er erstens echte Herrschaft unmöglich macht, aber zweitens im Falle der Krise, der existentiellen Gefährdung Herrschaft und Autorität unvergleichlich mehr braucht als jeder andere Staat zuvor.«[30] Inzwischen hofft die Gruppe der Flakhelfer-Elite, die auf die Ökonomie als Staatsersatz und Friedensspender setzt, daß diese sich erhole. Die andere Gruppe jedoch, die auf die Moral baut und diese politisches Bewußtsein und politische Theorie heißt, glaubt, das Politische zu ersetzen oder zu überwinden durch noch mehr Aufarbeitung der Vergangenheit und noch mehr »Demokratisierung«. Träumt die eine Gruppe vom Rausch des endlosen Booms, der alle Probleme löst, weil er alle überholt, so möchte die andere alles im Gedächtnis behalten in der Depression endloser Selbstbefragung, in der fortgesetzten Buße, an derem nicht ach so fernem Ende eine neue Vitalität den Beharrlichen, Geläuterten, endgültig Umerzogenen mit köstlichen Stärkungen erwartet.[31] Ökonomie und Ethik – auch hier. Doch »dadurch, daß ein Volk nicht mehr die Kraft oder den Willen hat, sich in der Sphäre des Politischen zu halten, verschwindet das Politische nicht aus der Welt. Es verschwindet nur ein schwaches Volk«.[32]

[30] *Ernst Forsthoff*, Rechtsstaat im Wandel. Verfassungsrechtliche Abhandlungen 1954–1973. 2. A., München 1976, S. 21f.

[31] Wie es darum steht, zeigt der leider wenig bekannte Kalauer: »Der Hitler hatte schon recht mit den 1000 Jahren! 12 Jahre er an der Macht, 988 Jahre Bewältigung!«

[32] *Carl Schmitt*, Der Begriff des Politischen, a. a. O., S. 19 – Daß heute die Vernichtung der Deutschen strategietheoretisch gedacht werden kann,

Um Deutschlands Lage durch und nach dem 8. Mai 1945 ging und geht es weder hier noch dort, auch wenn zuweilen die Schafe von jener Kreide fressen, die die Stimme metallisch macht. Darum ging es auch der Studentenbewegung nicht, die vorgab, »das ganz Andere« zu wollen. Als sie zum Angriff auf das System antrat, das nach seinem Selbstverständnis alles für diskutierbar hält, mit Ausnahme der »Grundwerte«, mußte das System feststellen, daß auch diese »Grundwerte« recht beliebig definierbar waren. Und so machte es den Weg frei für den Marsch durch die Institutionen derer, die Fleisch von seinem Fleische waren, die im gleichen Wust normativer und moralisierender Vorstellungen aufgewachsen waren und an der gleichen Begehrlichkeit und Harmlosigkeit litten: linke Schüler des Louis Philippe.

Weil es um nichts geht, was dieses System transzendieren könnte, weil es immer nur um Varianten der Unterwerfung und der Selbstfesselung geht, ist es so schwierig, sich zu den einzelnen Konflikten und Ereignissen eine Meinung anzuquälen. Diese deutsche Art von Post-histoire ist noch nicht an ihrem Ende, doch wie immer in der Politik eröffnet sich die neue Lage eher plötzlich, als daß sie sich entwickelt. Seien wir Realisten, bleiben wir konjunktivisch: Wenn diese Gesellschaft einmal der Schattenkämpfe müde wird, dann könnte die Stunde des Politischen und die Stunde der Nation kommen. Die USA beginnen, sich von Europa abzuwenden, die UdSSR hat schon vor der Pershing-Stationierung ihr Interesse gezeigt, die deutsche Karte auszuspielen, um sie dann, aufgrund der westdeutschen Beflissenheit gegenüber den USA, wieder im Ärmel verschwinden zu lassen. Doch solange die Flakhelfer am Tisch sitzen, wird jedes neue Spiel rasch abgebrochen werden.

hängt eng mit der Tatsache zusammen, daß sie kein Volk mehr sind, sondern eine Menge von Produzenten und Konsumenten, eine Masse von besitzindividualistischen Subjekten. Mit einer Auslöschung der (West-)Deutschen verschwände keine Facette der Menschheit, es verschwänden nur einige Millionen Einzelne.

Boris Groys
Politik als Kunst

In seinem Buch »Die göttliche Linke« spricht J. Baudrillard von der Angst der Linken vor der Macht; in den Begriff »Linke« schließt er dabei Sozialisten wie Kommunisten ein. Ich kann nur schwer beurteilen, inwieweit die Beschreibungen Baudrillards der politischen Situation in Frankreich entsprechen. Kein Zweifel besteht jedoch darüber, daß die französischen Kommunisten sich weitgehend am sowjetischen Kommunismus orientieren, und daß bei allen taktischen Unterschieden die KPdSU das Modell der internationalen Kommunistischen Bewegung insgesamt abgibt. Nun kann man der KPdSU schwerlich Angst vor der politischen Macht vorwerfen. Die Grenze zwischen Sozialisten und Kommunisten verläuft gerade dort, wo die Frage der politischen Macht ins Spiel kommt: Für Kommunisten heißt es noch nicht die Macht ergreifen, wenn man im Rahmen des Systems einer westlichen Demokratie eine Regierung bildet. Echte Macht ist für die Kommunisten erst jene, welche erlaubt, dieses System zu liquidieren.

Baudrillard beklagt den Niedergang der klassischen *ars politica*, d. h. der Kunst, die Macht unter Bedingungen zu erringen und zu halten, in denen der Interessenkampf nicht vorab durch gesellschaftliche Regulierungsinstanzen verfaßt ist. In der Tat liegt den Sozialisten an einem Ausbau jener Momente in den westlichen Gesellschaftsordnungen, die diese Auseinandersetzungen beschränken –, virtuell möchten die Sozialisten diesen Kampf überhaupt ausschließen. Anders die Kommunisten: Insofern sie das Ziel einer völligen Liquidierung der herrschenden Ordnung verfolgen, versetzen sie die Gesellschaft in eine Situation des Krieges aller gegen alle zurück und machen sie vom sozialen Verbund im Sinne Baudrillards zum politischen. Diese Situation besteht nach einer Machtergreifung durch Kommunisten fort: Die KPdSU definiert sich in ihren offiziellen

Verlautbarungen als »führende *Kraft* der Sowjetgesellschaft« und grenzt sich entschieden von der institutionalisierten Macht, d. h. den »Räten der Arbeiterdeputierten«, von der Regierung etc. ab. Dadurch entgeht die Partei der Gefahr, die Baudrillard als die Auflösung und Diffusion des Politischen im Verwaltungssystem beschwört. Die Kommunisten denken in Begriffen des Antagonismus und des Gleichgewichts der Kräfte, nicht in Begriffen der Sozialität und Repräsentation, so wie es die sozialistische Linke tut. Hierzu paßt die notorische Begeisterung Lenins, Stalins und anderer Sowjetpolitiker für Gestalten wie Machiavelli, Talleyrand, Fouché, Bismarck, Clausewitz u. a. – d. h. für typische Repräsentanten des Politischen.

Der Vorzug, den Baudrillard im ersten Teil seines Buches dem Politischen vor dem Sozialen und dem freien Geldverkehr vor der Planwirtschaft des marxistischen Typs gibt, ist zweifellos mit der Umorientierung der zeitgenössischen, und in erster Linie französischen Intelligenz vom Paradigma der »Moderne« auf die »Postmoderne« zu erklären; Baudrillard hat mit seinen eigenen Veröffentlichungen maßgeblich zu diesem Paradigmawechsel beigetragen. Worum es geht, kann wie folgt umrissen werden. Das Denken der Moderne reagierte auf die Krise des klassischen Vernunftsubjektes, so wie es sich in der Aufklärung konstituiert, indem es das Subjekt in einer objektiv, d. h. wissenschaftlich fixierten Weltordnung verankerte. Während die Aufklärung den Raum eines einzigen Sinnkontinuums postulierte, wird seit der Romantik, angesichts des Zerfalls dieses Sinnkontinuums, der Platz des Individuums kompensatorisch in das Kontinuum der Natur, der Geschichte, des »Sozius« etc. verlegt. Das Subjekt definiert sich durch die Epoche, die Nation, die Klasse oder soziale Gruppe, der es angehört, sowie durch seine Familiengeschichte, die Sphäre seiner erotischen Erfahrungen, seine physische Befindlichkeit, seine Erziehung u. a. Anders gesagt: Der Text definiert sich hier durch einen Kontext, die »parole« durch »langue«; der klassische Strukturalismus ist insofern die Vollendung des Projekts der Moderne: Dieses Projekt zielte nämlich darauf, dem Denken des Subjekts dadurch Sinnbestimmtheit zurückzugewinnen, daß es das Subjekt in einem System verortete.

Das Denken der Moderne setzt dabei die Endlichkeit und Übersichtlichkeit des Systems voraus, in das das individuelle Bewußtsein eingeordnet wird. Die Unbestimmtheit eines Textes, welcher nicht mehr Ausdruck eines »von seiner inneren Anlage« her für jeden Leser zugänglichen Inhalts ist, wird durch die Endlichkeit des Kontextes kompensiert, in den der Text versetzt wurde. Der Schritt zum postmodernistischen Paradigma stellt sich nun als der Übergang von einem endlichen zum unendlichen Analyse-Kontext dar, wobei alle übrigen analytischen Voraussetzungen beibehalten werden. Dieser Übergang ist folgenreich. Denn der Effekt der Relationierung von Text und Kontext läuft nun auf das genaue Gegenteil des modernistischen Modells hinaus: Statt einer Stabilisierung des Sinns kommt es zu dessen definitiver Liquidierung. So wird die Stabilisierung des Textes als Ergebnis eines Lektüreprozesses durch die unabschließbar vielfältigen Lektüren (Barthes) abgelöst, die Stabilisierung des Zeichens im sinndifferenziellen System der Sprache durch dessen Destabilisierung im unendlichen System der »différences« (Derrida), die Stabilisierung des Individuums im System der Triebökonomie durch dessen Destabilisierung in der Unendlichkeit der Wunschmaschinen (Deleuze); die Erforschung der Genese individueller Erfahrungen wird zum unendlichen Interpretationsprozeß (Lacan); anstelle der Stabilisierung des Individuums im System der politischen Ökonomie und der gesellschaftlichen Institutionen steht dessen Überwindung durch die »Ekstase« endloser Metamorphosen in Politik und Geldverkehr – wie bei Baudrillard dargestellt.

Der Übergang vom endlichen zum unendlichen Analysekontext scheint äußerst folgenreich und führt zu neuen brillanten Theorien und Intuitionen. Aber dieser Übergang läßt zwei Grundmerkmale des Denkens der vorangehenden Epoche unangetastet: die Untersuchung des Individuums im Kontext des Sozius und den äußeren, wissenschaftlich institutionalisierten Charakter dieser Untersuchung. Zwar wird der Sozius hier nicht als ein Sozius des Kollektivs betrachtet, in dem jeder in einer bestimmten und deutlich von anderen abgegrenzten Rolle auftritt, sondern als ein Sozius der Masse: als Sozius unendlicher Unterschiede, in dem das Individuum sich restlos verliert, weil es sich weder von den anderen unterscheiden noch mit ihnen verschmelzen kann, und deshalb in unendliche Ferne zu sich selbst rückt. Diese Unendlichkeit der Unterschiede, und, daraus resultierend, der unendliche Abstand des Subjekts von sich selbst – Derridas »différ*a*nce« – begründen das unendliche Pathos und die grenzenlose Ekstase der postmodernistischen Texte, jenen Gestus, der sich so deutlich vom maßvollen, »endlichen« Pathos der Moderne abhebt. Der »mannhaften« Figur der Moderne steht in der Postmoderne eine »Weiblichkeit« gegenüber, die keinen Ausweg im totalisierenden Akt des Sinnverstehens findet.

Trotz seinem Pathos ist der Postmodernismus aber in seinem Wesen zutiefst depressiv. Insofern sich der institutionalisierte postmodernistische Diskurs auf die Demonstration nicht von Sinn, sondern von Sinnlosigkeit gründet, wirkt er nicht durch Überzeugung, sondern durch deren Abbau, und er steht der Moral nicht als Amoralismus entgegen, sondern als Demoralisierung. In diesem Sinne tritt der Postmodernismus nicht als radikaler Gegner, sondern als Verbündeter der gegenwärtigen politischen Regime auf, – ein Umstand, der ihm hier übrigens keineswegs zum Vorwurf gemacht wird. Denn seit Marx versuchten die Philosophen tatsächlich die Welt zu verändern, während inzwischen wohl die Zeit für den Versuch gekommen ist, sie zu verstehen. Dennoch ist von Bedeutung, daß die ekstatische Ironie der postmodernistischen Texte faktisch lediglich die Ironie der gegenwärtigen Massengesellschaften literarisch bearbeitet und verdoppelt. Der institutionalisierte postmodernistische Diskurs ist in seinem Wesen eine offizielle und keineswegs oppositionelle Ideologie der politischen Macht heute.

Dies wird besonders deutlich, wenn man noch einmal auf die Erfahrung der sowjetischen Ideologie zurückblickt. In der offiziellen sowjetischen Philosophie ist es nicht üblich, die Ablösung philosophischer Doktrinen und Paradigmen öffentlich zu verkünden, und deshalb kann der außenstehende Beobachter den Eindruck gewinnen, die sowjetische Ideologie sei zur Immobilität erstarrt. Dieser Eindruck ist eine absolute Täuschung – er ist selbst ein Teil des offiziellen sowjetischen Mythos von der Konformität des Diamat und seiner Theorien mit den unabänderlichen »Prinzipien des Marxismus-Leninismus«. Denn in Wirklichkeit haben diese Theorien einschneidende Veränderungen durchgemacht, für deren detaillierte Darstellung hier allerdings nicht der Ort ist. Es genügt die Feststellung, daß die heutige sowjetische Lesart des Diamat sich im Wesen nicht gar zu sehr von dem unterscheidet, was im Westen unter dem Namen Poststrukturalismus auftritt. Der sowjetische Diamat (ja schon bei Engels und Lenin) – und hierin unterscheidet er sich radikal von der Dialektik Hegelschen Typs – setzt nämlich die verschiedenen Formen des Bewußtseins nicht in der Geschichte, d. h. nicht in der Zeit, an, sondern in einem quasi gnostischen Kosmos, d. h. im Raume. Die dialektischen Widersprüche werden zu »objektiven« Widersprüchen erklärt, d. h. zu Widersprüchen zwischen verschiedenen Sphären des kosmischen Lebens; – gerade deshalb können sie nicht durch das individuelle Bewußtsein in der Zeit aufgehoben werden, und daher auch der »materialistische« Charakter der sowjetischen Dialektik. Die sowjetische ideologische Diskussion läuft also stets darauf hinaus, das denkende Subjekt auf die Einseitigkeit seines Denkens und auf seine Determiniertheit durch die unendlich vielfältigen Formen des kosmischen Lebens festzulegen. Auf diese Weise wird es möglich, die Wahrheit jedes beliebigen Denkens in Zweifel zu ziehen, ohne daß man seine Unwahrheit nachzuweisen hätte – genau dies aber ist auch eine der grundlegenden intellektuellen Errungenschaften der poststrukturalistischen Analyse. Die sowjetischen Ideologien haben eine Vorliebe für die Figur der sokratischen Skepsis. Diese wiederum ist bekanntlich die Grundlage für Platos Staatskonzeption, welche weitgehend auf die gegenwärtigen totalitären Staaten vorgreift.

Der Bezug auf die unendliche »différ*a*nce« versklavt das Individuum also noch radikaler an die Institutionen als der

Bezug auf einen endlichen Sinn, weil er den Weg zum eigenen Ich über die Unendlichkeit des institutionalisierten Wissens führen läßt, über die Grenzenlosigkeit des Sozius, der Macht und der Menschenmassen. Der Sozius, so wie ihn einerseits die Poststrukturalisten, darunter besonders Baudrillard, und anderseits die sowjetischen Ideologen beschreiben, ist natürlich ungleich realistischer als der moralisierte Sozius der traditionellen Linken – dies steht außer Zweifel. Aber die Ekstase, die diese Beschreibung hervorruft, ist immer noch eine Ekstase der Macht, die Ekstase eines Verwaltungschefs, der über eine unendliche Zahl von Bürokräften zu regieren hat und angesichts der grenzenlos spezialisierten Funktionen dieser Angestellten zu keinerlei direkter Koordination mehr imstande ist. Es ist das Phänomen, das die russische Literatur als »Administrationsrausch« bezeichnet, nun allerdings im planetarischen Maßstab. Der Schritt zum Postmodernismus wurde in nicht geringem Maße durch die Überlegung stimuliert, dem modernistischen Übergang vom Text zum Kontext habe immer noch derselbe aufklärerische »ideologische« Anspruch des Bewußtseins auf rationale Erfassung der Strukturen der Welt zugrunde gelegen. Zwar wird dieser Anspruch prinzipiell auch noch im Postmodernismus erhoben – allerdings mit dem Unterschied, daß er grenzenlos wird und mit grenzenlosem Pathos auftritt.

In seinem Buch geht Baudrillard indes noch weiter: von der Endlosigkeit der »différences« zur Indifferenz. Nach Baudrillards Anschauung entsteht das Phänomen der Indifferenz dadurch, daß der heutige Mensch das Gefühl der Realität der Welt verloren hat, und daß folglich alles Seiende zunehmend als Artefakt und Simulacrum wahrgenommen wird. Diese Erfahrung der Künstlichkeit hängt zweifellos mit dem oben beschriebenen Übergang vom endlichen zum unendlichen Kontext zusammen. Die Grundlage von Realitätserfahrung ist das Erlebnis des unmittelbaren Kontaktes mit der Welt, ist die unmittelbar erlebte Präsenz des Menschen in der Welt; dieses Erlebnis garantiert gleichermaßen die Realität der Welt wie die des Menschen. »Realität« ist eine aufklärerische Idee, eine Idee jener

Aufklärung, die auch den Kult alles Natürlichen und Unmittelbaren im Gegensatz zum Künstlichen und Konventionellen begründet. Wenn aber alles in der Welt und auch der Mensch selbst von sich selbst durch die unendliche Differenz getrennt ist, wenn Sinn sich nur in einem System mit unendlich vielen Elementen offenbart, so bedeutet dies eben die Unmöglichkeit eines unmittelbaren Zugangs zu Objekten und zu Sinn überhaupt, d. h. den definitiven Realitätsverlust. Das endlose System der »différences« ist sozusagen eine letzte Wirklichkeit, deren Erfassung das Bewußtsein nur noch im Zustand der Ekstase anzielen kann. Aber diese Ekstase offenbart schon bald ihre Bodenlosigkeit und Künstlichkeit, um dann in Gleichgültigkeit und Indifferenz überzugehen: Denn von allen Dingen trennt uns ein immergleicher unendlicher Abstand.

Künstlichkeit, Indifferenz und Demoralisierung lösen somit die klassisch-aufklärerische Triade »Realität, Vernunft und Moral« ab. Indifferenz bedeutet hier nicht, daß irgendein gemeinsamer Nenner für alles Seiende gefunden worden wäre, der dem System der endlosen »différences« entgegensteht. Daher rühren offenbar die Schwierigkeiten, die Baudrillard selbst bei der Interpretation der Indifferenz hat und die er in einem seiner Interviews eingesteht (»Das Schweigen der Massen als suspense«, Frankfurter Rundschau 4. Januar 1986). Baudrillard betrachtet Künstlichkeit und Indifferenz immer noch in der Perspektive einer Subjekt-Objekt-Beziehung und schwächt dadurch die Radikalität seiner eigenen Position ab. Die Künstlichkeit jeglichen Sinnes liegt tiefer als die Unterscheidung von Subjekt und Objekt, von Bewußtsein und Unterbewußtsein u. s. f.: Alle diese Konstruktionen und alle Beziehungen zwischen ihnen werden zu Artefakten. Baudrillard versucht etwa, die Indifferenz als Zufälligkeit oder als Herrschaft statistischer Relationen zu interpretieren, d. h. die Indifferenz restlos einem Objektbereich zuzuschlagen, in dem sie den Charakter einer Versuchung oder Verführung annimmt. Aber die Zufälligkeit als solche ist nichts anderes als die Beziehung eines endlichen Bewußtseins auf die Endlosigkeit der objektiven »différences«; in diesem Sinne erreicht sie nicht die Ebene, auf der das Phänomen der Indifferenz entsteht und zwiefältig – als unendliche Distanz des Bewußtseins zu sich selbst sowie als unendliche innere Differenz des Objekts – zum Tragen kommt. Indifferenz ist weniger die Trägheit und Materialität der Menschenmassen, als vielmehr ein diesen Bestimmungen korrespondierender Bewußtseinszustand, dem sich in der Unendlichkeit der Massen die Künstlichkeit und Fiktivität der Welt offenbart. Hier gibt das Bewußtsein das Interesse für diese Massen und deren Lenkungsinstanzen auf, und alle Verführungen von seiten des Objekts treffen nur noch auf Indifferenz, weil das Objekt definitiv zur Fiktion geworden ist; lediglich das »Schweigen« und die »Statistik«, auf welche Baudrillard verweist, wahren noch Züge von Realität. Über die Indifferenz entzieht sich das Bewußtsein der Sphäre institutioneller Kontrolle.

Der Künstlichkeit der Welt entspricht eine Konzeption, die den Menschen in der Welt als Künstler versteht. Zu dieser Auffassung gelangt de facto auch Baudrillard, wo er die Theatralisierung des politischen und sozialen Lebens beschreibt. Zeitgenössische Vertreter der »philosopy of science« wie Nelson Goodman oder Paul Feyerabend interpretieren die moderne Wissenschaft als Kunst. Baudrillard, und mit ihm andere zeitgenössische französische Theoretiker, sind noch radikaler und behaupten die Künstlichkeit der gesamten Lebenswelt des Menschen sowie schließlich die Künstlichkeit des Menschen selbst, insoweit er der Welt angehört. Als Ergebnis findet sich jeder Mensch in der Rolle des unfreiwilligen Künstlers wieder. Während die Kunst vormals als höchster Dienst und besondere Berufung einiger Erwählter verstanden wurde, wird die Künstlerrolle heute jedermann als Schicksal auferlegt – als die einzig mögliche Beziehung zu einer Welt, die nur mehr Fiktion und Kunstgegenstand ist. Der Mensch findet sich in der Zwangslage, mit der Welt und mit sich selbst wie mit Kunstwerken umzugehen. In diesem Sinne ist jener Öko-Pazifismus ganz mit dem Zeitgeist konform, welcher die ganze Welt in ein Museum verwandeln und alles Bestehende, darunter auch alle Menschen, zu Exponaten machen will, die man nicht verschmutzen oder mit den Händen berühren darf, die man vor Raketen und Lärm schützen muß etc.

Diese museale Beziehung zur Kunst ist natürlich nichts als eine zusätzliche Verirrung des gegenwärtigen Bewußtseins; echten Künstlern ist sie ebenso fremd wie sie authentischer Kunst schadet. Der Künstler im echten Sinne bringt in seiner Beziehung zur Kunst Ekstase und Indifferenz zusammen: Sein Schaffen lebt aus einem bestimmten Rhythmus von Schöpfung und Zerstörung. Der Künstler ist sich seiner Originalität und seiner Differenz gegenüber anderen Künstlern bewußt, weiß aber gleichzeitig, worin seine innere Verwandtschaft mit allen anderen Künstlern besteht. Das Museum versklavt den Künstler, weil es ihn zwingt, stets etwas Neues, noch nie Ausgestelltes zu liefern; es nimmt ihm dadurch die innere Freiheit. Nicht weniger fatal für die Kunst sind aber die totale Zerstörung der Tradition und der Untergang der Privatheit. In der Indifferenz wird diese gerettet: Sie ist Recht auf Privatheit.

Daher steht die Idee der Künstlichkeit und der Kunst jeder Utopie entgegen, welche auf das Natürliche und Unmittelbare zielt. Die aufklärerische Utopie tritt bekanntlich in zwei Formen auf: als Utopie des Bewußtseins und als Utopie des Unterbewußten oder des Körpers. Die Utopie des Bewußtseins appelliert an die Einheit des menschlichen Verstandes, insofern diesem unmittelbare Anschauung und Erfassung von Sinn sowie unmittelbares Verstehen moralischer Handlungsorientierungen zugänglich sein sollen. Diese Utopie hat sich mittlerweile definitiv kompromittiert. Die Utopie des Unterbewußten dagegen hat für viele ihre Anziehungskraft noch nicht verloren (Deleuze, Lyotard, Sloterdijk). Diese Utopie berauscht sich am Aufruf zur völligen Liquidation der Privatsphäre, zur ekstatischen Vermischung restlos sexualisierter und somit entgrenzter Körper und zur euphorischen Verschmelzung im fließenden Lebenskontinuum. Dieser erotische Kommunismus als Mythos vergesellschafteter Körper ist eine radikalisierte Variante des sozialen Kommunismus, d. h. des Mythos vom vergesellschafteten Eigentum. Deshalb ist er noch repressiver: Mit erhobenem Zeigefinger predigt er all denen Moral, die – und sei es bloß, weil sie keine Lust haben – sich weigern, wahllose Promiskuität zu praktizieren. Dieser Versuch, nachträglich zu vereinen, was die Aufklärung getrennt hat, vergißt, daß die Auffassung des anderen als des anderen Körpers von einer bestimmten Konzeption der Zeit und des Raumes ausgeht, welche keine Realität an sich hat und auf bloßer Repräsentation beruht. Letztlich vereinen sich nämlich nicht Körper, sondern nur Repräsentationen, d. h. Artefakte und Simulacra von Körpern – und dies geschieht unausweichlich unter der Aufsicht der ideologischen Polizei.

Das Wissen von der Welt als von etwas Künstlichem geht tiefer als das Wissen von einer natürlichen Welt und ist in einer weiter zurückreichenden Tradition begründet. Künstlichkeit ist nämlich dasselbe wie Kreatürlichkeit; Indifferenz fällt mit Ataraxie und Askese in eins, und Demoralisiertheit mit einem Leben jenseits von Moral und Amoralität oder »jenseits von Gut und Böse«. Wer sich als Künstler weiß, braucht sich mit niemand und mit nichts zu vereinen, weil er von Anbeginn an an der Quelle alles Künstlichen und alles Geschaffenen partizipiert. Gerade wenn er auf seinem Recht auf Privatheit insistiert, tritt der Künstler unüberbietbar radikal in den Raum der Indifferenz ein, der ihn mit den anderen vereint; deshalb können ihn alle Versuche einer äußeren Vereinigung durch Repräsentation nur von jenem ursprünglichen Allgemeinen absondern.

Aus dem bisher Gesagten ergibt sich notwendig eine neue Betrachtung des Problems der Menschenrechte – eines Problems, für das Baudrillard, wenn man nach seinen ironischen Bemerkungen geht, keine besondere Sympathie aufbringt. So äußert er sich in seinem Buch etwa mit offener Ablehnung über den Prozeß der Entstalinisierung und ironisiert über die Versuche Althussers, diesen Prozeß auf die französische Kommunistische Partei auszuweiten. Offensichtlich imponiert Baudrillard sogar in gewisser Weise die Figur Stalins, insofern sie potentiell das für Baudrillard vergangene »Politische« inkarniert und beinahe so etwas wie die Renaissance-Gestalt eines egoistischen und scharfsinnigen Tyrannen abzugeben scheint.

In Wirklichkeit aber ist die Figur Stalins nur ein weiteres Artefakt und Phantom des Massenbewußtseins. Von der Figur Stalins wird kein einziger individueller Zug, keine einzige Handlung überliefert, in denen Leidenschaft oder irgendein besonderer Vorsatz zum Ausdruck kämen. Dies aber liegt keineswegs an einem Mangel an Dokumenten oder Zeugnissen, sondern an der Verwaschenheit der Person selbst. Bei Lenin heißt es nicht umsonst: »Die wichtigste Kunst für uns ist der Film.« Genau in diesem Sinne ist die Figur Stalins ein Schirm zur Projektion und Akkumulation sozialer Phantasmagorie. Stalin war eine Figur der Repräsentation in reinster Form, gleichsam der Triumph der Volksherrschaft. Faschismus und Sowjetkommunismus sind nicht in geringerem Maße Systeme repräsentativer Macht als die westlichen repräsentativen Demokratien. Sie alle beziehen ihre Legitimation aus ihrer Repräsentativität und daraus, daß sie eine Klasse, Nation oder Bevölkerung zu vertreten vermögen, – ebenso wie die heutige Kultur ihre Legitimation in ihrer Fähigkeit begründet sieht, (im Unterschied zu den Politikern) nicht das Bewußtsein, sondern das Unterbewußtsein der Massen zu repräsentieren.

Baudrillards Ironien über die Menschenrechte sind sicherlich am Platze, wenn mit diesen Rechten der Anspruch jedes »mündigen Bürgers« gemeint ist, als »kritisches und räsonierendes Subjekt« sich selbst zu repräsentieren und für seine Interessen zu kämpfen; denn in diesem Persönlichkeitstyp steckt ein kleiner Stalin oder Hitler, dem es vor allem um die Ausdehnung seines sozialen Lebensraums geht. Man kann die Menschenrechte aber auch anders verstehen: als Rechte des Künstlers im Menschen. Ein solches Verständnis der Menschenrechte behauptet nicht die gesellschaftliche Freiheit, sondern die Freiheit von der Gesellschaft, und zwar im Namen eines fundamentalen Allgemeinen, das über Privatheit und Indifferenz erreicht wird.

Eben diese Auffassung der Menschenrechte liegt der sowjetischen Dissidentenbewegung zugrunde, die sich in ihren Artikulationen den westlichen Kriterien von »rechts« und »links« entzieht. Die totalitäre Herrschaft, gegen welche die Dissidenten auftreten, ist vor allem eine Herrschaft des Gesellschaftlich-Politischen an sich – nicht eine Herrschaft dieser oder jener konkreten politischen Doktrin. Im Westen wird diese Herrschaft des Gesellschaftlich-Politischen dadurch verwirklicht, daß das gesamte intellektuelle Leben der Dichotomie von rechts und links untergeordnet wird. Diese Dichotomie paralysiert alle geistige Initiative und reduziert die Rolle des Intellektuellen darauf, frische Argumentation für die jedermann längst bekannten Positionen zu liefern, die, wie Baudrillard zu recht meint, nur noch allgemeine Indifferenz erzeugen.

Die Beziehung eines Künstlers zu einem anderen ist eine Beziehung der Negation vor dem Hintergrund bewußter Gemeinsamkeit und Kontinuität; sie ist Selbstbehauptung, die im Grunde auf innere Identifikation mit dem anderen hinausläuft. So definierten sich die Beziehungen zwischen antiken Heroengestalten oder im mittelalterlichen Ritterkodex. In diesen Epochen wurden Kampf und Konflikte nicht vermieden, aber sie hatten ihre Grenzen; ohne daß diese Epochen über universale Bestimmungen des »Menschlichen« verfügt hätten, vermochte die Person im anderen das gleiche Prinzip zu erkennen, das ihr eigenes Ich beseelte, und zwar selbst auf dem Höhepunkt gespanntester Kämpfe. In der ideologisierten gegenwärtigen Welt geht dagegen panische Angst vor Konflikten aller Art mit dem Bemühen einher, den anderen total und definitiv zu vernichten. Dieses Begehren hängt eng mit der Idee der Repräsentation zusammen: Der andere macht die innere Einheit des Repräsentierenden und des Repräsentierten, die jedem Machtanspruch zugrunde liegt, fraglich und zerstört sie schließlich. Der totale Anspruch auf Repräsentation führte zum Terror der Epoche der Französischen Revolution, der zum Prototyp für die gesamte spätere Geschichte des Terrors wurde und der jenes nationale Trauma verursacht hat, aus der die moderne französische Philosophie entstanden ist. Aber hinter dem Anspruch auf Repräsentation muß die Realität des Politischen gesehen werden, das keineswegs der Vergangenheit angehört – weder in Europa noch außerhalb.

Traditionell wurde Politik als eine Spielart von Kunst verstanden: Der Politiker lebt in der Sphäre des Fiktiven. Das Denken der Moderne macht nun die Politik eben dadurch unmöglich, daß es die Unterwerfung der Kunst unter die Politik und das politische Engagement der Kunst postuliert. Aber von dem Augenblick an, da das Subjekt als solches durch seine soziologische Umgebung und der Text durch seinen sozio-politischen Kontext definiert wird, verliert das Subjekt des politischen Handelns seine Autonomie: Es bestimmt sich jetzt politisch, anstatt die Politik zu bestimmen. Die westliche *ars politica* war traditionell darauf ausgerichtet, ein Gleichgewicht bzw. Harmonie zwischen den politischen Kräften herzustellen, und diese Kunst folgte notwendig den allgemeinen künstlerischen Moden ihrer Zeit. Der Westen verdankt seine relative Prosperität genau diesem ererbten oder restituierten Gleichgewicht der politischen Kräfte – und keineswegs der Perfektion seiner Repräsentativorgane; denn diese reproduzieren und repräsentieren vielmehr lediglich das vorfindliche Gleichgewicht. Dies ist auch der Grund für das von Baudrillard konstatierte Übergewicht der »Rechten«: Sie nämlich kennen den künstlichen und künstlerischen Charakter dessen, was die Sozialisten für die Realität nehmen.

Die Kommunisten wissen indes nicht weniger um die fiktive Natur ihres Systems: Die offiziellen Institutionen der sozialistischen Länder repräsentieren als Realität, was die Partei als Fiktion und Kunstprodukt geschaffen hat. Die Partei tritt in Osteuropa als ein für die realen Verhältnisse insgesamt verantwortlicher Demiurg auf. Symptomatisch schlägt sich dies im Geschmackswandel auf den gesellschaftlichen »Kommandohöhen« nieder: Die Realität im Herrschaftsbereich dieser Partei ruft dieselbe Mischung von Indifferenz und ästhetischem Interesse hervor wie in den westlichen Gesellschaften – mit einer Einschränkung allerdings: Hier hat nur die Partei ein Recht auf Künstlertum, während alle übrigen die Kunst der Politik unterzuordnen oder, mit anderen Worten, den verordneten Kunststil zu kopieren haben. Nicht zufällig ist deshalb gerade der Künstler eine Symbolfigur des politischen Kampfes in den östlichen Ländern. Denn die Freisetzung des Künstlers im Menschen bedeutet auch die Wiedergewinnung der Politik als Kunst im Sinne der *ars politica*. Leider verstellt sich Baudrillard tendenziell den Blick für alle damit angesprochenen Probleme, insofern er den Kommunismus in der fiktiven Einheit der »linken« Kräfte aufgehen läßt, – praktisch also gerade jene Rechts-Links-Dichotomie reproduziert, deren Fiktionscharakter sein Buch aufzuweisen versprach.

A. d. Russischen von A. Sproede

Nada

Roman

J.-P. Manchette

Matthes & Seitz

J.-P. Manchette ist sicherlich der begabteste lebende Kriminalromanschriftsteller Frankreichs, Gallimard-Autor.

Gehorcht der Terrorismus der Ideologie des Opfers?
Gestattet er einen Mut, den die meisten unserer Zeitgenossen verloren haben?
Das Zusammenspiel des Terrors wird in diesem spannenden Roman bloßgelegt.

Die angeblich die Menschheit beglückenden Motive dieses oder jenes Terrorismus-Sympathisanten entpuppen sich als Trug.
Was für eine Idee auch, daß man so tut, als wähnte man alles umzuwälzen, indem der Botschafter der USA in Paris entführt wird!
Manchettes erzählerischer Reduktionismus, an Filmen und comic strips geschult, sein hintergründiger Humor, die sentimentalen Dialoge seiner Anti-Helden, seine über die Seiten Stil werdende Sparsamkeit lassen eine Aufmöbelung alter Vorurteile nicht zu.